Tea Drink

ティードリンクマニュアル

片倉康博　田中美奈子

はじめに

中国で薬用として始まったお茶は、日本には奈良、平安時代に唐からお茶の種を持って来たのが始まりとされ、鎌倉時代に緑茶を粉末にした抹茶が伝わり、茶道が生まれました。足利時代には宇治茶のブランドが作られ始めました。安土桃山時代には、宇治茶は高級な碾茶《てんちゃ》に加工されています。千利休ら茶人が活躍する時代になり「茶の湯」が完成し、豪商や武士たちの嗜みとなり、江戸時代にはお茶の生産量も増え、庶民の間でも煎茶が飲まれるようになりました。茶の湯は江戸幕府の儀礼に正式に取り入れられ、武家社会に欠かせないものとなります。その時代、庶民にも煮出し茶が飲料として飲まれることが多くなります。

ヨーロッパでは半発酵茶の中国茶から紅茶へと発展。中国種とインドのアッサム種との交配が進み、インド各地、スリランカ、バングラデシュで栽培が盛んになりました。

移動手段が船や徒歩の時代、長距離移動の際に生水は危険で飲めず、生乳は日持ちしない。ワインやビールなどのアルコール飲料は酔っぱらう。お茶は抗菌作用もあり日持ちすることで重宝されてきました。

その後イギリスなどの上流階級の貴族の間で、お茶に高価な砂糖とミルクを入れて楽しむお茶が生まれました。イギリスは朝、夜の2食しか食事を取らなかったので、昼過ぎにお腹が減るのを満たすことのできる、砂糖とミルクを使ったミルクティー

を飲むことが習慣になりました。

　お茶はさらに時代の中で変化をしていきますが、コーヒーの市場が拡大していき、お茶が飲まれない時代が来ます。お茶の需要を伸ばすため、生産者が良いお茶を生産し、お茶のクオリティーを上げていくことになります。それは正しい反面、上質に拘るあまり、手軽に飲めない価格になったり、繊細な香りを分かる本当のお茶好きしか買わなくなったりと、お茶を楽しむ裾野が狭くなってはいないかとも感じています。

　カクテルは飲みにくいものを飲みやすくするために、ベースを割材で割って飲みやすくするという考えがあります。一大ブームになったタピオカミルクティーを始め、現在のお茶は、カクテルのように相性の良い副材で割ることで色々な世代の方が楽しめるお茶ドリンクに発展しています。タピオカミルクティーとフルーツティーのレシピとバリエーションは、2019年に上梓した「タピオカミルクティー　フルーツティードリンク」で詳しく紹介していますのでご覧ください。

　また、現在のお茶の発展は、お茶の世界の偉大な先達たちが築き上げてきた財産があったからこそもたらされたものです。その有形無形の財産へのリスペクトを込めて、本書で紹介するレシピは、ストレートティーから始まり、オーセンティックアレンジティーを経て、最新のティードリンクにつながる構成にしました。最新のティードリンクについては、人気店のバリエーションもあわせて紹介しています。

　本書で、お茶をもっと楽しむためのレシピやアイデアを知って活用頂くと共に、ティードリンクのさらなる可能性を感じて頂ければ幸いです。

好飲家　片倉康博
田中美奈子

CONTENTS
もくじ

著者プロフィール

香飲家　**片倉康博**（かたくら・やすひろ）　Yasuhiro Katakura

バーテンダー時代にQSC、対面サービス、カクテルの様々なドリンク知識とバランスの取り方、TPO の重要性などを学び、その経験をカフェ業界へ繋げ、独自の理論によるエスプレッソ抽出技術を広める。「食文化に合うドリンクや TPO に合わせるドリンク」「カフェドリンクのフードペアリング」第一人者としてホテル、レストラン、カフェ、パティスリーの顧問バリスタ、調理師・製菓専門学校の特別講師として活動。海外からの依頼も多く、上海、北京、天津でも特別講師を務める。また、飲食店プロデュース、店舗立ち上げや立て直し、スタッフ教育、ドリンクケータリング、コンサルタント、営業代行、商品開発も手がける。本書で紹介した食材や包材、機器・道具など、商品仕入れ先の問い合わせも可能。著書は「タピオカミルクティー　フルーツティードリンク」（旭屋出版）。

Email：y.katakura@kouinka.com

instagram：@y.katakura

香飲家　**田中美奈子**（たなか・みなこ）　Minako Tanaka

料理家、カフェディレクター。DEAN&DELUCA カフェマネージャー、ドリンクメニュー開発後に独立。カフェレストランオーナーシェフとバリスタを経て、カフェ店舗商品開発やコンサルティング、フードコーディネートなどを手がける。 コレクションテーマに合わせた展示会用のオーダーメイドケータリングやデリバリーは、旬の野菜を中心とした料理が好評。著書に「タピオカミルクティー　フルーツティードリンク」（旭屋出版）「ケータリング気分の Box Food」（文化出版局）がある。幻冬舎 GINGERweb で「田中美奈子の野菜が際立つ簡単ごはん」を連載中。

https://gingerweb.jp/authors/navigator121

instagram：@minakotanaka9966

※ 香飲家とは、片倉康博と田中美奈子のユニット。

香りは五感の中でも1番記憶に残り、それと共に感情も呼び起こします。美味しい食事やスイーツに欠かせないドリンク。食事とドリンク、スイーツとドリンクのバランスが整った時に、その環境を自然に楽しむことで深く記憶に残ります。香飲家は、人間が無意識の中に持つ感覚として違和感のない心地よい環境をづくりを理念に、ドリンクの可能性を追求し続けていきます。

—片倉康博・田中美奈子—

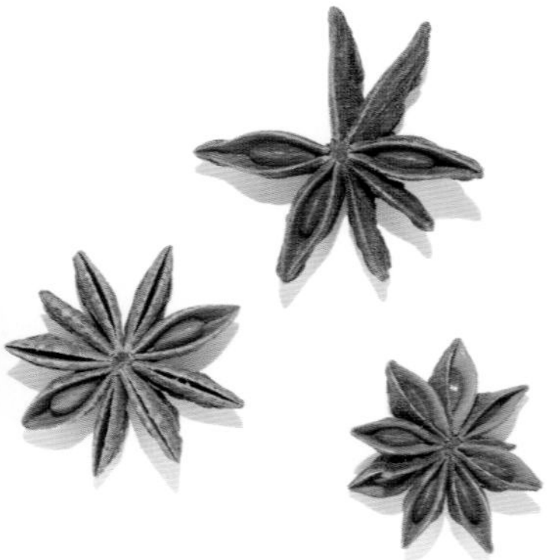

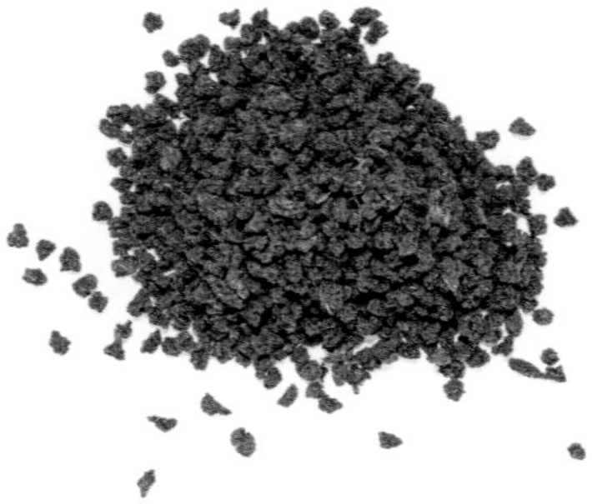

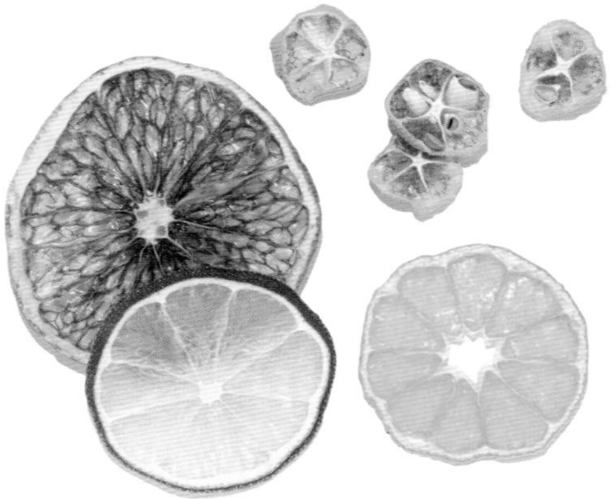

TEA DRINK RECIPE

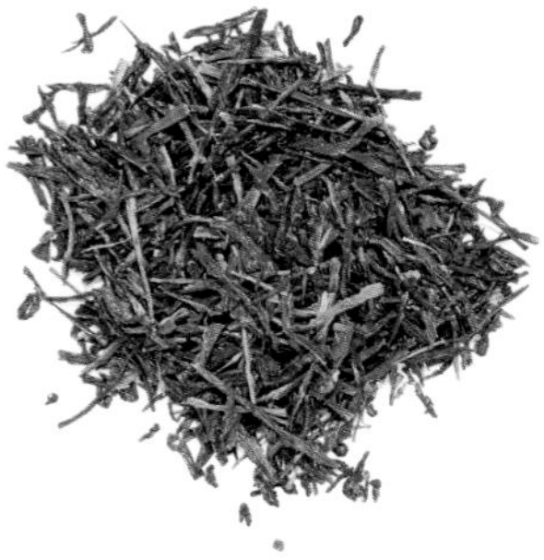

ティードリンクレシピ

オーセンティックから最新まで

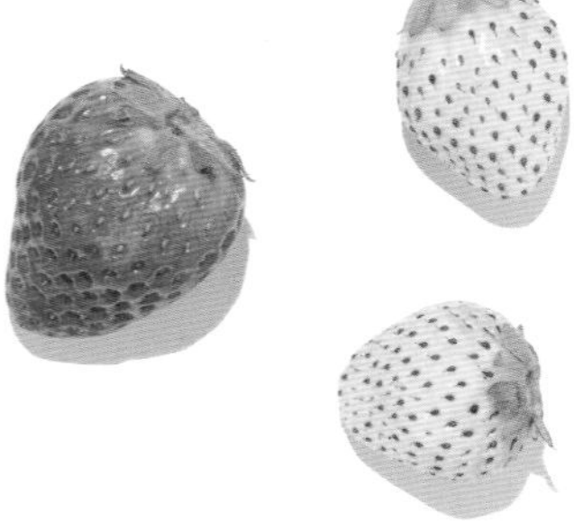

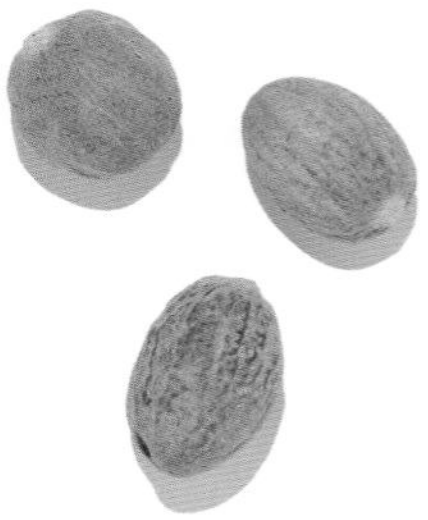

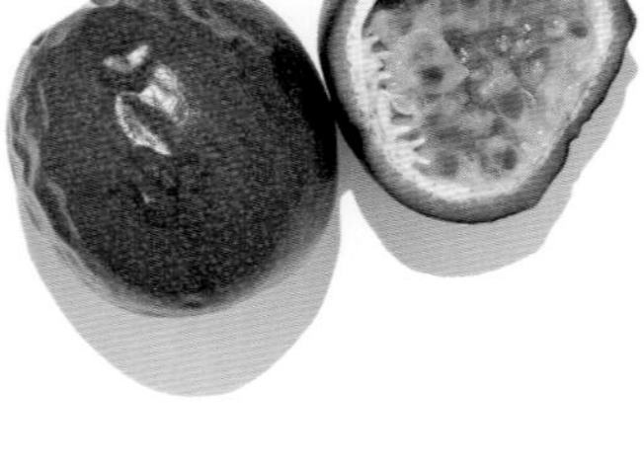

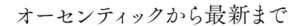

材料 (total容量：280〜290g)

キーモン（茶葉） 6g
水 300g

作り方

①汲みたての水道水を沸騰させ、茶器とカップにお湯を注いで温めておく。
② 茶器のお湯をきって茶葉を入れ、95℃のお湯を勢いよく注ぎ、茶器の蓋をして4分蒸らす。
③ 茶器を軽く回し、濃さを均一にして温めておいたカップに注ぐ。

キーモン ❄

材料 (total容量：1000g)

キーモン（茶葉） 20g
水 650g
氷 400g

作り方

① 汲みたての水道水を沸騰させる。
② 茶器に茶葉を入れ、95℃のお湯を勢いよく注ぎ、蓋をして4分蒸らす。
③ 氷を入れた容器に②を注いで冷やす。

世界三大紅茶の一つで紅茶のブルゴーニュと称され、中国の祁門県で作られています。多湿で気温が低い山岳地帯は、日光があまりあたらないため、茶葉の成分であるテアニンがポリフェノールに変換されず、他の茶葉よりテアニンが多い紅茶。細く美しく整った形状、ツヤがある黒い色、金色のティップが混ざっているのが質の良い上級茶の証。水色は鮮やかな赤。スモーキーで甘い花の様な香りが特徴です。

中国紅茶　キーモン

日本茶　玄米茶

材料 (total容量:280〜290g)

玄米茶　9g
水　300g

作り方

① 汲みたての水道水を沸騰させ、茶器を温める。
② 茶器に茶葉を入れ、95℃のお湯を注ぎ、30秒蒸らす。
③ 茶碗に回し注ぎ、味と量を均等にする。

※ 玄米茶の作り方
① 玄米を入れた容器にひたひたの水を入れて一晩おく。
② ①をザルで水分をきり、フライパンで色付くまで煎る。
③ 煎茶１：玄米 1.5の比率で合わせる。

①

玄米茶

材料 (total容量:600g)

玄米茶　30g
水　450g
氷　200g

作り方

① 汲みたての水道水を沸騰させる。
② 茶器に茶葉を入れ、95℃のお湯を注いで蒸らす。
③ 氷を入れた容器に②を注いで冷やす。

水に浸した米を炒り、番茶や煎茶を加えたお茶。炒りの香ばしさとお茶のさっぱりとした味わいが楽しめます。米を同量またはそれ以上加えることでカフェインが通常より少なめに(コーヒーの30分の1程度)。淹れるとき、沸騰したお湯で短時間で抽出するのがコツ。高温で淹れると香りが立ち、短時間で抽出することで渋み成分であるタンニンを抑えます。

日本茶　煎茶

材料　(total容量：280〜290g)

煎茶（茶葉）　9g
水　300g

作り方

① 汲みたての水道水を沸騰させ、茶碗の8分目までお湯を入れ、湯量の計量をする（その間にお湯が80℃になる）。
② 茶器に茶葉を入れ、茶碗のお湯を茶器に移して1分蒸らす。
③ 茶器をゆらさず静かに茶碗に回し注ぎ、味と量を均等にする。

煎茶 ❄

材料　(total容量：600g)

煎茶（茶葉）　26g
水　450g
氷　200g

作り方

① 汲みたての水道水を沸騰させ、80℃にお湯を冷ます。
② 茶器に茶葉を入れ、①を注いで1分蒸らす。
③ 氷を入れた容器に②を注いで冷やす。

日本のお茶の中で最も一般的なお茶。不発酵で緑茶の種類のひとつであり、蒸熱という工程で茶葉に含まれている酵素の働きを失わせた後に加工されるお茶。蒸した時間ごとに種類が分けられています。浅蒸しは蒸し時間が短く、煎茶の中でも渋めでスッキリと爽やかな飲み口。深蒸しは普通の煎茶よりコクがあり、まろやかな味わい。煎茶は新芽が出てから摘み取るまでの間ずっと日光を浴びせて栽培。日光を浴びると光合成を行い、渋み成分であるカテキンを含む量が増えます。そのため、煎茶は渋みを感じやすい緑茶になるわけです。

※ 参考：上級茶（玉露）の淹れ方
湯温60℃、普通蒸しの蒸らし時間1〜2分、深蒸しの蒸らし時間30秒〜1分
2煎目、3煎目の蒸らし時間は10秒程度

カモミール

ハーブティーの中で最も有名で古い歴史があります。カモミールはヨーロッパ原産で、温暖な地域で育つキク科の植物。なんと4000年前から薬草として使われていたそう。ハーブティーとして飲まれるものはジャーマンカモミールという花の部分。ノンカフェインで優しい口当たりです。カモミールの名は、ギリシャ語で「地上の」を意味するChamai、「地上のりんご」を意味するMelonに由来していると言われています。炎症を抑えたり、リラックス効果、アンチエイジングにも良いとされています。

材料 (total容量：280〜290g)

カモミール（茶葉） 9g
水 300g

作り方

① 汲みたての水道水を沸騰させ、茶器とカップにお湯を注ぎ、温めておく。
② 茶器のお湯をきって茶葉を入れ、95℃のお湯を勢いよく注ぎ、茶器の蓋をして3分蒸らす。
③ 茶器を軽く回して濃さを均一にし、温めておいたカップに注ぐ。

カモミール ❄

材料 (total容量：1000g)

カモミール（茶葉） 27g
水 650g
氷 400g

作り方

① 汲みたての水道水を沸騰させる。
② 茶器に茶葉を入れ、95℃のお湯を勢いよく注ぎ、蓋をして3分蒸らす。
③ 氷を入れた容器に②を注いで冷やす。

COLD BREWER TEA　コールドブリュワーティー

水出しのお茶をコールドブリュワーティーと言い、初めての方でも簡単に作れます。いろんなお茶でも水出しは可能です。容器に水を入れ、ティーバックを入れるだけ。冷蔵庫で冷やしながら抽出できます。お茶の成分のカテキン（渋み）、カフェイン（苦味）はお湯の温度が高いと溶けやすい性質があります。つまり、水出しするとカテキン、カフェインを抑え、アミノ酸（旨味）を多く引き出せます。また、緑茶に含まれるビタミンCは水に溶けやすく、熱に弱い性質があり、水出しの方が栄養素も壊れにくい性質があります。ここではタイプの違うお茶２種類でコールドブリュワーをご紹介しています。お湯で淹れた時とは違うスッキリとした味わいをいろいろなお茶で楽しんでください。

ジャスミンティー

材料

（total容量：1000g）

ジャスミン茶（茶葉）　9g
水　1020g

作り方

① お茶パックに茶葉を詰める。
② 蓋付きの清潔な容器に①と水を入れる。
③ 蓋をして冷蔵庫で8〜10時間おく。
④ エキスが抽出されたらパックを取り出す。

ジャスミンティーは茉莉花（モーリーファ）＝金木犀科の植物のジャスミン花の香りをつけたお茶で、花茶生産量の80%を占めている人気のお茶です。北京（華北）ではジャスミン茶は香片（シェンピエン）と言われており、沖縄では「さんぴん茶」として伝わりました。ベースになるお茶は緑茶が一般的ですが、烏龍茶や白茶ベースもあります。脂っこい食事の後の口直しとして中華料理でもよく出され、消化を助ける働きもあると言われています。

ほうじ茶

煎茶、番茶、茎茶を焙じたものをほうじ茶と言います。見た目は赤茶色ですが、緑茶の1つです。高温で焙じることにより、カフェインの含有量が少ないお茶です。焙煎の度合いや、葉の部分か茎の部分かで味わいが変わります。ほうじ茶には独特な香ばしい香り成分「ピラジン」が含まれています。血流を良くしたり、血栓ができるのを防ぎ、リラックス効果があります。

材料

（total容量：1000g）

ほうじ茶（茶葉）　8g

水　1020g

作り方

① お茶パックに茶葉を詰める。

② 蓋付きの清潔な容器に①とお水を入れる。

③ 蓋をして冷蔵庫で8〜10時間おく。

④ エキスが抽出されたらパックを取り出す。

※ 茶葉の焙煎の仕方

① 焙じ器を強火で1分程温める。

② 番茶、茎茶などの緑茶を入れ、茶葉が動き出したら振りながら焙じる。高温（200℃）以上で焙じる。お好みの色になったら完成。

AUTHENTIC ARRANGEMENT TEA
オーセンティックアレンジティー

お茶の飲み方は国により特徴が変わります。それは、国によって風土や飲む環境が異なるから。また、何と合わせるかにより、飲み方は変わります。お茶が世界に広まり、それぞれの形で飲み親しまれているには理由があるはずです。世界の正統的な飲み方を知ることで、新しい発見やアレンジするヒントがあると考えています。

ロシアンティー

材料

アッサム（茶葉） 8g
水　300g
いちごジャム　適量
ウォッカ　お好みで

作り方

① 汲みたての水道水を沸騰させ、茶器とカップにお湯を注いで温めておく。
② 茶器のお湯をきって茶葉を入れ、95℃のお湯を勢いよく注ぎ、茶器の蓋をして4分蒸らす。
③ 茶器を軽く回し、濃さを均一にして濃く抽出したお茶を温めておいたカップに注ぎ、サモワールからお湯を足して好みの味わいに。

ロシア圏で飲まれている紅茶の飲み方。砂糖がまだ貴重だった頃、果物で作ったジャムを舐めながら飲まれてきたのがロシアンティー。濃く煮出した紅茶をティーカップの半分ほど注ぎ、「サモワール」と呼ばれる湯沸かし器からお湯を足して、濃さを個別に調整して飲みます。お好みでウォッカを入ても。
※サモワールとはロシアやその他のスラブ諸国、イラン、トルコなどで湯を沸かすために伝統的に使用されてきた金属製の容器。

ロンドンフォグ

カナダから生まれた「ロンドンの霧」と言う意味の今や欧米でも人気のミルクティー。アールグレイに、温めたミルクとバニラシュガーやシロップを入れたもの。

材料

アールグレイ（茶葉）　4g
水　150g
牛乳　75g
バニラシュガー　適量

作り方

① 汲みたての水道水を沸騰させ、茶器とカップにお湯を注いで温めておく。
② 茶器のお湯を切って茶葉を入れ、95℃のお湯を勢いよく注ぎ、茶器の蓋をして4分間蒸らす。
③ 茶器を軽く回して濃さを均一にし、温めておいたカップに注ぐ。
④ 温めた牛乳、バニラシュガーを入れる。

※ バニラシュガー
使用済みのバニラ　5本
粉糖　200g
① 使用済みのバニラをカリカリに乾燥させる。
② ①をフードプロセッサーで粉砕し、粉糖と合わせる。
③ ②を目の細かい茶漉しで振るう。

パイナップル セパレートティー

材料

ダージリン（ICE） 200ml
パイナップルジュース 200ml
シュガーシロップ 10ml

作り方

① グラスに氷、パイナップルジュース、シュガーシロップを注ぐ。
② ①にダージリンをゆっくり注ぐ。
※ ダージリン(ICE)
9ページ参照。

2層に分かれた（セパレートした）アイスティー。果汁に甘さを足し、比重の違いで甘い方が層の下に下がることを利用して、セパレートを作ります。定番の柑橘類のジュースやミルク、ゼリーなどでもセパレートになります。お茶と割材の色の違いが大きいものを選ぶとコントラストが出やすく、見た目にもキレイに仕上がります。

マサラチャイ

材料

アッサムCTC（茶葉）　20g
カルダモン　4個
シナモン　1本
クローブ　4個
スターアニス　2個
ジンジャー　2切れ
水　200g
牛乳　200g
三温糖　20g

作り方

① カルダモンに切り込みを入れる。
② 鍋にスパイスと水を入れ、火にかけて色とスパイスの香りを出す。
③ 茶葉を入れて2分蒸らす。
④ 牛乳、三温糖を加えて火にかけ、沸騰直前まで煮出して茶漉しで漉しながらカップに注ぐ。

9世紀のインド発祥のマサラ＝スパイスと、チャイ＝インド式の甘く煮出したミルクティーの組み合わせ。スパイスの種類や分量は様々なレシピがありますが、生姜、シナモン、カルダモン、クローブなどを主に使用します。イギリスに良質な紅茶を売り、ダストティーと呼ばれる細かい茶葉ばかりがインドに残ったことから、美味しく飲む方法を考えて生まれたのがチャイとされ、そのチャイに香辛料を加えたのが始まり。

シェルパティー

材料

ウバ（茶葉）　6g
ぶどう（種無し）　適量
水　300g
赤ワイン　10g
グラニュー糖　10g
ぶどう（スライス）　適量

作り方

① ぶどうを潰し、お湯を沸かす。
※ 種ありのぶどうを使う場合は種を取り除く。
② 汲みたての水道水を沸騰させ、茶器とカップ、ピッチャーにお湯を注いで温めておく。
③ 茶器に①のぶどう、茶葉の順に入れ、95℃のお湯で4分蒸らす。
④ ③をピッチャーに茶漉しで漉しながら入れ、赤ワイン、グラニュー糖を入れて溶かす。
⑤ カップにぶどう（スライス）を入れ、④を注ぐ。

ヒマラヤ登山を助けるシェルパ（山の案内人）が、過酷な登山の疲れを癒すために飲んだのが始まりと言われているお茶。紅茶とワイン、山に自生している山ぶどうを入れます。ワインのアルコールで体が暖まり、甘みと果汁が多いブドウは果糖、ブドウ糖が主成分のため、体内で素早くエネルギー源になります。

鴛鴦茶〔インヤン茶〕

材料

東方美人（ICE）　150g
コンデンスミルク　20g
エスプレッソコーヒー　30g
氷　適量

作り方

① グラスにコンデンスミルク、氷、東方美人を入れ、抽出したエスプレッソコーヒーを静かに注ぐ。

※東方美人（ICE）　10ページ参照。

中国では古代より陰と陽に基づいた思想があり、陰と陽の飲み物を組み合わせると2つの性質が対等になると信じられています。このお茶は、インヤン＝鴛鴦（おしどり）と呼ばれており、ありがたい飲み物とされています。香港では一般的な飲み物です。

テ・デ・マンサニーヤ

材料

カモミール（茶葉）　6g
アニスシード　小さじ1
水　300g

作り方

① 鍋に茶葉とアニスシード、水を入れ、煮立たたせる。
② 沸騰したら火を止めて4分蒸らし、茶漉しで漉しながらカップに注ぐ。
③ オレンジはちみつ（分量外）を添えてお好みで。

高地の国メキシコで、消化不良の防止に飲まれています。カモミールには体を温め、利尿作用、リラックス効果も。そこに免疫力も向上するハーブと、腹痛の治療薬としても使うことのあるアニスシードが加わります。さらにはちみつで飲みやすい甘さと強い殺菌力もプラス。

クリスマスティー

材料

アールグレイ（茶葉） 6g
水　300g
シナモン　2本
クローブ　4個
ナツメグ　少々
オレンジ（半月スライス） 4枚
グラニュー糖　適量

作り方

① 茶器とカップを温める。
② 鍋に水を入れ、火にかけて沸騰したらスパイスを入れて煮立たせる。
③ 茶器に②と茶葉を入れて3分蒸らす。
④ カップに③とオレンジを入れ、お好みでグラニュー糖を入れて飲む。

イギリスやヨーロッパでクリスマスに飲むスペシャルティー。シナモン、クローブ、ナツメグ、フルーツのピールをブレンドするのが一般的。スパイスは、キリスト誕生の際にお祝いに駆けつけた東方の三博士がキリストに送った３つの品の象徴（乳香、没薬、黄金）を意味します。

お茶の分類と紅茶の基礎知識

長い歴史と伝統を持つお茶の世界。その知識を学ぶのに数多くの書籍や資料がありますが、ここではお茶の分類とティードリンクのベースとして一般的な紅茶の基礎知識について解説します。

お茶の分類

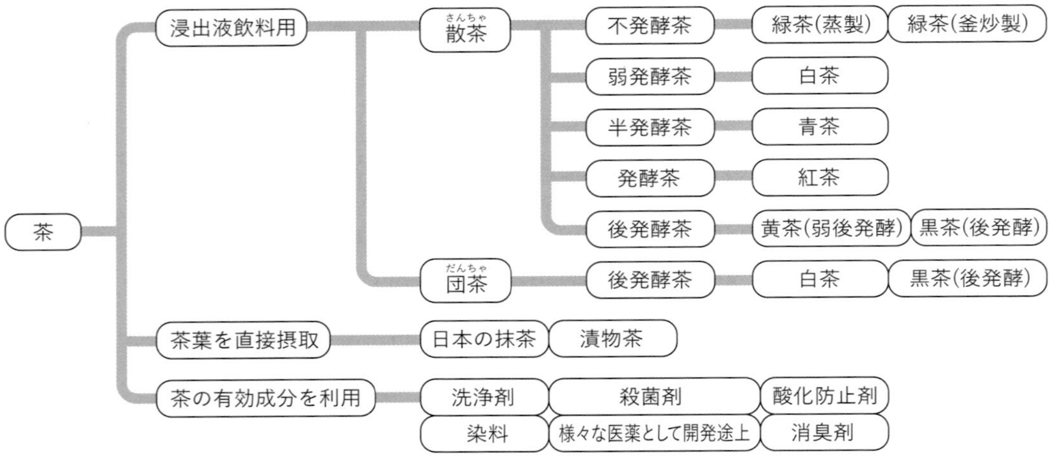

散茶　茶葉のままのお茶

緑茶(蒸製)
茶、玉露、かぶせ茶、玉緑茶、番茶

緑茶(釜炒製)
中国:ロンジンチャ(龍井茶)、コウザンモウホウ(黄山毛峰)など
日本:玉緑茶

【適温】80℃〜90℃(あまり温度が高いと、香りや味が飛び、苦味が出てきます)

白茶
パイムータン(白牡丹)、ギンシンハクゴウ(銀針白豪)【適温】85℃〜95℃(温度が高すぎると、香りや味が飛び、苦味が出てきます)

青茶
ブイガンチャ(武夷岩茶)、テッカンノンチャ(鉄観音茶)、スイセンチャ(水仙茶)、ウーロンチャ(烏龍茶)、シキシュ(色種)、ホウシュチャ(包種茶)、ハクゴウウーロンチャ(白豪烏龍茶)など【適温】90℃〜100℃(高い湯温で淹れる事により、味と香りが引き立ちます)

紅茶
ダージリン、アッサム、ニルギリ、ウバ、キーモン、ディンブラ【適温】90℃〜100℃(高い湯温で淹れる事により、味と香りが引き立ちます)

黄茶(弱後発酵)
クンサンギンシン(君山銀針)など【適温】85℃〜95℃(温度が高すぎると、香りや味が飛び、苦味が出てきます)

黒茶(後発酵)
プアールチャ【適温】95℃以上(高い湯温で煎れる事により、味と香りが引き立ちます)

団茶　緊圧茶《きんあつちゃ》の茶葉をすった粉末を茶碗に入れてお湯とかき混ぜるという、日本の抹茶のようなお茶

黒茶(後発酵)
ピンチャ(餅茶)、ソワンチャ、ダチャ(沱茶)、ホウチャ(方茶)、ジンチャ(緊茶)【適温】95℃以上(高い湯温で煎れる事により、味と香りが引き立ちます)

※ 参考/花茶【適温】75℃〜85℃(80℃前後の湯温が、一番香りと味を引き出します)

紅茶ができるまで　オーソドックス製法

① 摘採（てきさい、Plucking）

茶摘みのこと。主な紅茶産地では、生葉（なまは）の若くてやわらかい部分である一芯二葉もしくは三葉が人の手で摘まれています。摘まれた生葉は傷がつかないように新鮮さを保ちながら工場へ運ばれます。

② 萎凋（いちょうWithering）

生葉を萎（しお）れさせる工程。萎れさせて葉をやわらかくすることで、次の揉捻工程を容易にします。葉の内部では成分変化が始まり、生葉のフレッシュな香りに、花や果実のような香りが加わり始めます。

③ 揉捻（じゅうねん、Rolling）

葉を揉む工程。圧力をかけて揉むことで茶の形状を整えていくとともに、茶葉の組織や細胞を破壊し、酸化酵素を含んだ茶汁を出し、空気に触れさせます。これにより酸化発酵が本格的に始まります。

④ 玉解き・篩い分け

（たまどき・ふるいわけ、Roll breaking・Green sifting）

揉捻後の茶葉は塊になっているため、この塊をほぐす工程。次の工程で均一に発酵を進めるために行われます。

⑤ 酸化発酵（さんかはっこう、Fermentation/Oxidization）

酸化発酵を促進する工程。温度・湿度が管理された場所に茶葉を静置します。葉の表面の色は徐々につやのある赤銅色へと変化していきます。葉の内部ではさらに酸化発酵が進み、次第に熟した果実の香りやコクのある味わいが強まり、水色の濃い紅茶へと変化していきます。

⑥ 乾燥（かんそう、Drying）

熱風で乾燥させる工程。熱により酸化酵素の働きが止まります。茶葉の外観は乾いて濃い褐色となり、紅茶らしい風味が固定されて「荒茶」となり、貯蔵や輸送に耐えられる品質となります。

⑦ 仕上げ（しあげ、Sorting）

余計な茎や茶くずの粉などを取り除き、篩（ふるい）によって大きさ（グレード）別に分ける工程。仕上げられた紅茶は厳密にロット分けされ、オークションなど流通の対象となります。

紅茶の産地

SRILANKA スリランカ（セイロン）

- UVA ウバ（世界三大銘茶）
- DIMBULA ディンブラ
- NUWARA ELIYA ヌワラエリヤ
- KANDY キャンディ
- RUHUNA ルフナ

INDIA インド

- DARJEELING ダージリン（世界三大銘茶）
- ASSAM アッサム
- NILGIRI ニルギリ
- DOORS ドアーズ

CHINA 中国

- KEEMUN 祁門 キーモン（世界三大銘茶）
- LapusangSouchong 正山小種 ラプサンスーチョン
- YUNNAN 雲南紅茶 ユンナン

INDONESIA インドネシア

- JAVA ジャワ
- SMATRA スマトラ

KENYA ケニア

- KENYA ケニア

紅茶の茶葉のグレード

紅茶にはリーフの形状や大きさを基準とする等級（グレード）があります。

Tipとは茶樹の枝の最先端にある、芽生えたばかりでまだ葉が開いていない状態の新芽のことで、このティップの量が多いほど高級品とされています。 特に、ゴールデンティップス（ティップ表面の産毛が発酵時に紅茶液に染まり黄金色となった新芽）やシルバーティップス（銀白色の新芽）を含んだ美しい紅茶は最高級として珍重され、高値で取引されています。

※グレード＝味をあらわすものではありません。

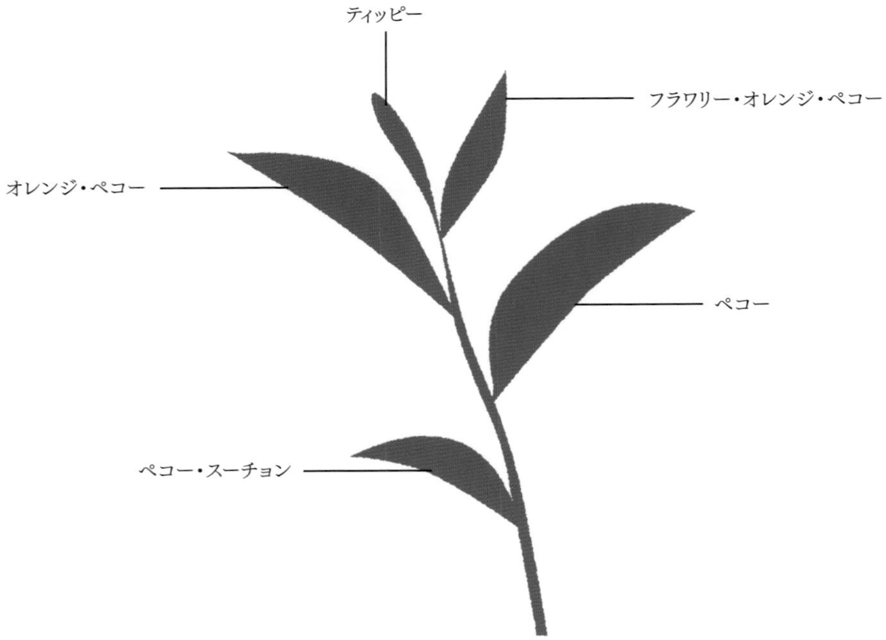

WHOLE LEAF >>> 茶葉そのままの大きさ。基本グレード：OP 7〜12mm

TGFOP（ティッピー・ゴールデン・フラワリー・オレンジ・ペコー）：
金色をした上質の新芽、ゴールデンティップスがたくさん含まれているFOPの上級グレード。

GFOP（ゴールデン・フラワリー・オレンジ・ペコー）：
FOPの中で、黄金色をした上質な新芽、Golden Tips（ゴールデンティップス）が含まれているFOPの上級グレード。

FOP（フラワリー・オレンジ・ペコー）：
先端部の新芽「ティップ」を指し、通常ティップを多く用いた茶葉をFOPと呼ぶ。ティップが多いほど上質とされ、ティップの多さに応じてさらに細かく分類される。

OP（オレンジ・ペコー）：
「ティップ」の次に若い葉のこと。
これを細くねじった茶葉をOPと呼ぶ。

P（ペコー）：
OPの下の部位にある葉。OPほど長くなく、太め。

PS（ペコー・スーチョン）：
Pの下の部位にある葉。太く短め。

S（スーチョン）：
PSの下の部位にある葉。太く丸められている。

BROKENS >>> 細かくカットした茶葉、基本グレード:BOP 2〜3mm

FBOP (フラワリー・ブロークン・オレンジ・ペコー):
FOPのリーフを細かくカットしたもの

TGFBOP (フラワリー・ブロークン・オレンジ・ペコー):
TGFOPのリーフを細かくカットした、ブロークンタイプの最上級品

GBOP (ゴールデン・ブロークン・オレンジ・ペコー):
金色の新芽・ゴールデンティップスまでも一緒に砕いた贅沢なブロークンタイプ。

BOP (ブロークン・オレンジ・ペコー):
OPのリーフを細かくカットしたもの。フルリーフのOPより短時間で抽出することができる。

BP (ブロークン・ペコー):
Pリーフをカットしたもの。BOPに比べるとやや大きめだが、同様に抽出時間は短い。

BPS (ブロークン・ペコー・スーチョン):
PSリーフを細かくカットしたもの。BPよりもやや大きめ。

FANNINGS >>> ブロークンより細かくカットした茶葉、基本グレード:BOPF 1〜2mm

BOPF (ブロークン・オレンジ・ペコー・ファニングス): BOPをさらに細かくカットしたもので、水色が濃い。

DUSTS >>> ファニングスよりもさらに細かい粉状のもの、基本グレード:D 1mm前後

D (ダスト):
ファニングスよりもさらに細かい粉状のもので、最小のグレード。抽出時間が極めて早いため、ティーバッグに多く用いられる。

CTC >>> CTC製法のより作られたもの。Crush Tear Curl:押しつぶす・引き裂く・丸める。

紅茶のシーズン

紅茶の旬　クオリティーシーズン

良質の紅茶が摘採される旬の時期をいいます。同じ紅茶産地でも、摘んだ季節や時期により色や香り、味は異なっています。インドのヒマラヤ山脈の麓で栽培されるダージリンのクオリティーシーズンは、年3回あります。

ダージリンのクオリティーシーズン

● ファーストフラッシュ春先(3〜4月)に摘む一番茶。

ファーストフラッシュは若葉のような初々しい香りと爽やかな渋み、若々しい繊細な味わいが特徴です。茶葉は薄緑色でカップに注いだ時の水色は澄んだ金色になります。ファーストは新茶ということで、初物が好きな日本人や、ヨーロッパの一部(ドイツなど)で特に人気があります。

● セカンドフラッシュ初夏(5〜6月)に摘む。

セカンドフラッシュは、上質な茶葉にマスカットや熟したフルーツのような香味が顕れ、カップに淹れたときの色は鮮やかなオレンジ色となります。風味や香りが最も充実し、ダージリンの3回のクオリティシーズンの中でも最上とされています。若々しく緑茶のようなファーストと比べ、ダージリンらしいコクと深みのある味わいとなります。最上級のセカンドは「紅茶のシャンパン」と呼ばれ世界中で最も人気の高い紅茶となっています。

● オータムナル秋摘み(10〜11月)。

オータムナルの上質品には薔薇のような香りが顕れ、水色は淡いブロンズ色となります。円熟した味わいが特徴です。

MILK TEA

ミルクティー

イギリスの貴族の飲み物が始まりとされるミルクティー。今やスタイルを変え、台湾、中国から、日本へ。現在では世界各国で飲まれている。茶葉を抽出して牛乳と合わせていた飲み物から粉のお茶や粉ミルク、豆乳、アーモンドミルク、粉ミルクを使いバリエーションが増え、さらにタピオカやプリンなどのトッピングを入れるスイーツ的なドリンクに発展。カフェラテに変わる新しい存在として認知されています。

東方美人ミルクティー ❄

材料

東方美人（茶葉） 4g
お湯 150g
粉ミルク 40g
氷 適量

作り方

① お茶パックに茶葉を詰める。
② ブレンダーに①、お湯を入れて1分間撹拌する。
③ ②に粉ミルクを入れて、再度溶けるまで撹拌する。
④ カップに氷、③を入れる。

❄ HOTの場合は氷を入れずに提供。

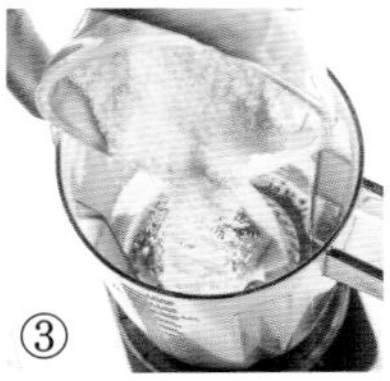

③

MILK TEA >>> ミルクティー

ウバミルクティー

材料

ウバ（茶葉）　4g
お湯　60g
牛乳　100g
氷　適量

作り方

① 容器にウバ、お湯を入れて蓋をして3分蒸らす。
② グラスに氷、牛乳を入れ、①を茶濾しで濾して注ぐ。
③ 軽く混ぜる。

HOTの場合はウバを抽出し、温めた牛乳を加える。

抹茶ミルクティー

材料

抹茶ソース　30g
牛乳　150g
ミルク寒天　80g
氷　適量

作り方

① シェーカーに抹茶ソース、氷、牛乳を入れ、シェークして急速に冷やす。
② グラスにミルク寒天、氷の順に入れて①を注ぐ。
HOTの場合は牛乳を温めて抹茶ソースを加える。

※ 抹茶ソース
材料
石臼挽き抹茶　15g
お湯　105g

作り方
① 茶漉しで振るった抹茶に75℃のお湯を入れてかき混ぜ、5分蒸らす。
② 氷水を入れたボウルの上に置き、急速に冷やす。
※ 仕上げにハンドブレンダーで撹拌するとダマが残りにくい。

※ ミルク寒天
材料
水　100g
寒天(粉)　2g
グラニュー糖　60g
牛乳　400g
バニラエッセンス　2g

作り方
① 鍋に水と寒天(粉)を入れてかき混ぜ、火にかける。沸騰したら弱火にし、混ぜながら2分煮る。
② 寒天が溶けたらグラニュー糖を加えて溶かし、火を止める。
③ 常温にもどした牛乳とバニラエッセンスをゆっくり加え、よく混ぜる。
④ 水でぬらした容器に③を流し込んで、冷やし固める。

黒糖タピオカチーズミルクティー

材料

ウバミルクティー（ICE）　150g
黒糖タピオカ　80g
チーズフォーム　50g
黒糖　適量
氷　適量

作り方

① カップに黒糖タピオカ、氷を入れて、ウバミルクティーを注ぎ、チーズフォームをのせる。
② チーズフォームの上に黒糖を振る。
❄ HOTの場合はカップにタピオカを入れて温めたミルクティーを注ぎ、チーズフォームをのせて黒糖を振る。

※ ウバミルクティー（ICE）38ページ参照。

※ 黒糖タピオカ
材料
手ごね生タピオカ ブラック　300g
お湯　900g
黒糖　120g

作り方
① タピオカジャーにタピオカの3倍量のお湯を入れてスイッチを入れ、沸騰させる。
② ①に常温のタピオカを入れて軽く混ぜ、蓋をしてスイッチを入れる。
③ 炊き上がったらタピオカをザルに入れ、お湯を濾してジャーに戻し、黒糖をまぶして混ぜる。
※ タピオカは1.5倍に膨れる。
※ 黒糖は茹でる前のタピオカの0.4倍の量。

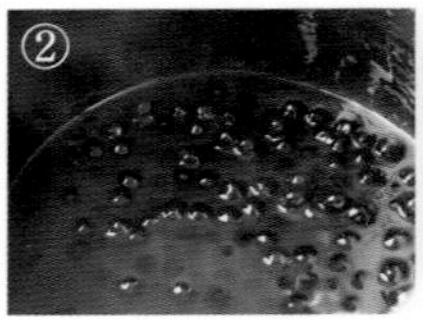

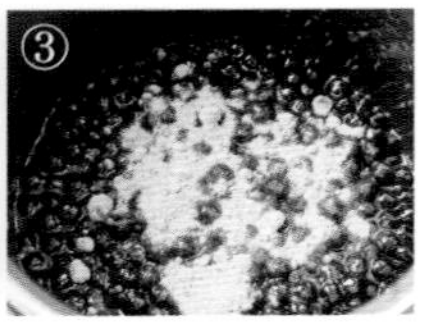

※ チーズフォーム
材料
チーズフォームパウダー　60g
ミルクパウダー　40g
水　150g

作り方
① ボウルにチーズフォームパウダー、ミルクパウダー、水を入れて混ぜ合わせる。

ほうじ茶ミルクティー❄

材料

ほうじ茶（粉） 3g
お湯　40g
牛乳　160g
氷　適量

作り方

① シェイカーにほうじ茶、沸騰したお湯を入れ、軽く混ぜて溶かす。
② ①に牛乳、氷を入れ、シェークして急速に冷やす。
③ グラスに氷を入れて②を注ぐ。
❄ HOTの場合はほうじ茶をお湯で溶かし、温めた牛乳を加える。

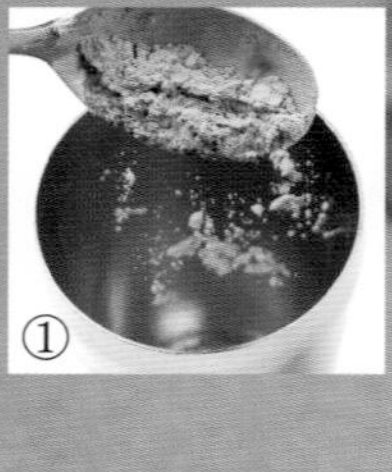
①

豆乳玄米ミルクティー❄

材料

玄米茶（ICE）　75 g
豆乳　150 g
氷　適量

作り方

① グラスに氷を入れて、玄米茶、豆乳を注ぐ。

※ 玄米茶（ICE）
12ページ参照

プーアールアーモンドミルクティー

材料

プーアール（茶葉） 3g
お湯　50g
アーモンドミルク　 150g
氷　適量

作り方

① 容器に茶葉、お湯を入れて蓋をし、3分蒸らす。
② グラスに氷、アーモンドミルクを入れ、①を茶漉しで濾して注ぐ。
③ 軽く混ぜる。
HOTの場合は氷を入れずに温めて提供。

バタフライミルクティー

材料

バタフライピー（粉） 1g
ココナッツミルク 170g
ジンジャーシロップ 30g

作り方

① 鍋にバタフライピー、ココナッツミルク、ジンジャーシロップを入れて火にかけ、沸騰直前まで温める。

② ①を茶漉しで濾しながら耐熱カップに注ぐ。

✻ ICEの場合はバタフライピーを20gのお湯でとき、他の材料と混ぜ合わせ、氷入りのグラスに注いで提供。

NITRO TEA ナイトロティー

ナイトロ(nitro)とは亜酸化窒素のこと。専用のサーバーで液体に亜酸化窒素ガスを入れることで、グラスに注いだ液体は苦味や酸味がまろやかな口あたりになり、見た目はまるでビールのような泡によってクリーミーな味わいを生みます。ギネスビールから始まり、コーヒー、お茶を含む色々なドリンクでナイトロドリンクが広がりつつあります。

ナイトロ アールグレイティー

材料

アールグレイ
コールドブリュワー　適量

作り方

① アールグレイ　コールドブリュワーをタンクに入れる。
② ヘッドをしめる。
③ ガスボンベのバルブを開け、ガスジョイントを注入口に押し込み充填する。
④ ガスの音が止まったらガスジョイントを外し、バルブを閉める。
⑤ タンクを上下に振る。
⑥ レバーを手前に引き、グラスにを傾けて注ぐ。

①

⑥

※ガスボンベ取扱いの注意点
・ガスボンベの周辺2m火気厳禁
・屋外使用、店舗外への移動禁止

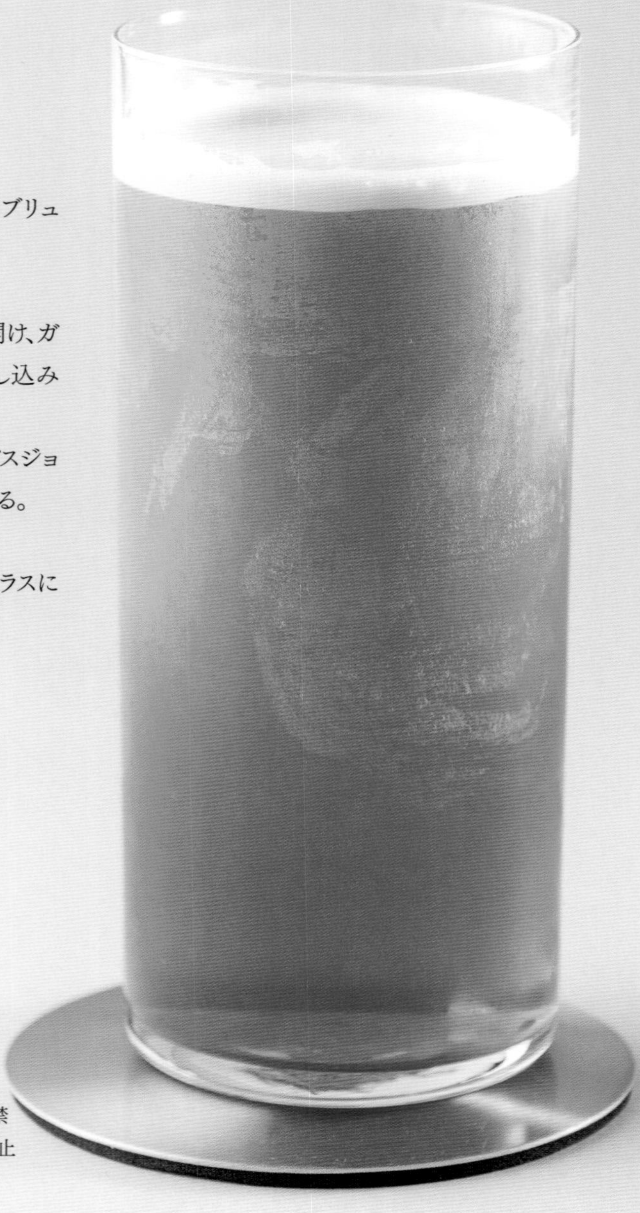

※アールグレイ
コールドブリュワー
材料
アールグレイ
（茶葉）　10g
水　1100g

作り方
① お茶パックに茶葉を詰める。
② 容器に①と水を入れ、冷蔵庫で半日おいて抽出する。

杏仁ココナッツほうじ茶ミルク 小豆トッピング ❄

材料

ほうじ茶ミルクティー（ICE）　100g
杏仁豆腐　60g
粒あん　30g
ココナッツミルク　50g
氷　適量

作り方

① グラスに杏仁豆腐と粒あんを入れ、軽く混ぜ合わせる。
② ①に氷、ほうじ茶ミルクティー、ココナッツミルクを注ぎ、軽く混ぜる。
❄ HOTの場合は杏仁豆腐と粒あん、氷以外の材料を温め、粒あんを最後に入れて提供。

※ 杏仁豆腐
材料
水　25g
ゼラチン（粉）5g
杏仁霜　40g
グラニュー糖　40g
牛乳（常温）400g
生クリーム（常温）100g

作り方
① ゼラチンを水で戻し、20分ほどおいておく。
② 鍋に杏仁霜、グラニュー糖、牛乳を入れ、よく混ぜて溶かす。完全に溶けたら中火で時々かき混ぜながら温める。
③ 鍋縁がふつふつと泡が出てきたら火を止め、ゼラチンを入れてよく混ぜる。
④ 氷水を入れたボウルの上に置き、ヘラでかき混ぜながら急速に冷やす。
⑤ ④が生クリームと同じようなとろみになったら、生クリームを入れて混ぜ合わせる。
⑥ ⑤を容器に注ぎ、温度が常温まで下がってから冷蔵庫で冷やし固める。

※ ほうじ茶ミルクティー（ICE）　42ページ参照。

パパイヤレモネード グリーンティー

材料

煎茶（ICE） 100ｇ
パパイヤ（コンカッセ） 1/2個分
レモン（スライス） 3枚
クラッシュアイス　適量
※ コンカッセとは、「粗くみじんに刻む」こと

※ 煎茶（ICE）　14ページ参照。

作り方

① レモンを扇型にカットする。
② グラスにクラッシュアイス、パパイヤ、レモンを交互に入れる。
③ ②に煎茶を注ぐ。

はっさくゼリーティー❄

材料

ダージリン（ICE）　200g
はっさくソース　50g
はっさくゼリー　100g
氷　適量

作り方

① 容器にダージリン、はっさくソースを注ぎ、混ぜ合わせる。
② カップにはっさくゼリーと氷を入れて①を注ぐ。

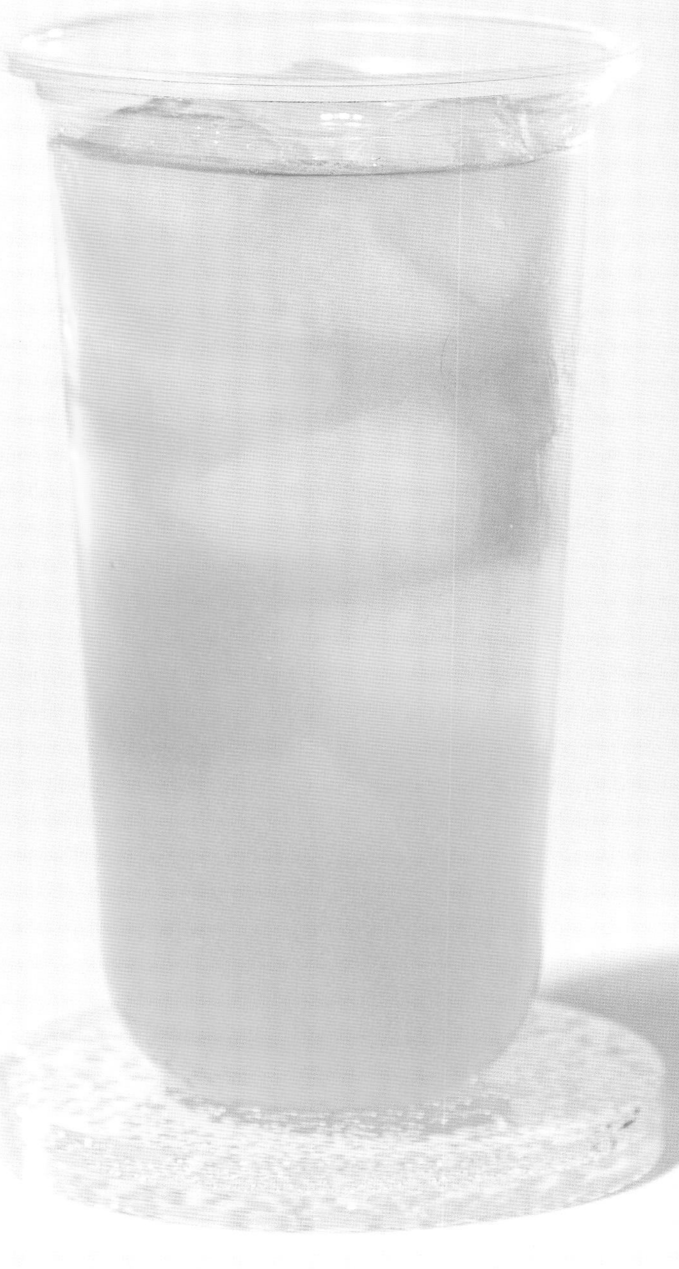

※はっさくゼリー
材料
アガー　6g
グラニュー糖　60g
水　200g
はっさく果汁　200g
レモン果汁　10g

作り方
① アガー、グラニュー糖を混ぜ合わせる。
② 鍋に①、水を入れ、しっかり沸騰させてアガーを溶かす。
③ 火を止め、はっさく果汁、レモン果汁を入れる。
④ 氷水を入れたボウルの上に置き、ヘラでかき混ぜながら急速に冷やす。
⑤ とろみがついてきたら容器に注ぎ、温度が常温まで下がってから冷蔵庫で冷やし固める。

※ はっさくソース
材料
はっさく果汁　200g
グラニュー糖　100g
レモン果汁　20g

作り方
① 鍋にはっさく果汁、グラニュー糖、レモン果汁の半量を入れて火にかけ、グラニュー糖を溶かす。
② 氷水を入れたボウルの上に置き、ヘラでかき混ぜながら急速に冷やし、残りのレモン果汁を入れて混ぜる。

※ はっさく果汁
56ページのオレンジ果汁と同様。

※ レモン果汁　50ページ参照。

※ ダージリン（ICE）　8ページ参照。

カキとレモンのウーロンティー

材料

蜜香紅烏龍茶（ICE） 150g
柿シロップ　35g
レモンシロップ　35g
レモン（スライス） 2枚
氷　適量

※ 柿シロップ
材料
柿　100g
グラニュー糖　50g
レモン果汁　10g

作り方
① 柿の皮をむいて種を取り出し、HUROM HWプロフェッショナルで搾る。
② 鍋に①、グラニュー糖、レモン果汁の半量を入れて火にかけ、グラニュー糖を溶かす。
③ ②を氷水を入れたボウルの上に置き、ヘラでかき混ぜながら急速に冷やし、残りのレモン果汁を入れて混ぜる。

※ レモンシロップ
材料
レモン果汁　100g
グラニュー糖　100g

作り方
① 鍋にレモン果汁、グラニュー糖を入れて火にかけ、グラニュー糖を溶かす。
② 氷水を入れたボウルの上に置き、ヘラでかき混ぜながら急速に冷やす。

※ レモン果汁　50ページ参照。

※ 密香紅烏龍茶(ICE)の淹れ方は10ページの東方美人を参照。ただし、95℃のお湯で抽出。

作り方

① 容器に蜜香紅烏龍茶、柿ソース、レモンシロップを入れて混ぜ合わせる。
② グラスに氷、レモンを交互に入れ、①を注ぐ。

キウイ金柑グリーンティー ❄

材料

煎茶（ICE） 50g
キウイフルーツ　1個
金柑（冷凍） 2個
ドライ金柑（スライス） 1個分
氷　適量

作り方

① シェーカーに皮をむいたキウイフルーツ、冷凍の金柑を入れてペストルで潰す。
② ①に煎茶を入れ、シェークして急速に冷やし、グラスに注ぐ。
③ ドライ金柑を飾る。

※ 煎茶(ICE)　14ページ参照。

ザクロ凍頂 ❄

材料

凍頂烏龍茶（ICE） 120g
ザクロシロップ　30g
ザクロ（冷凍） 20g
ローズマリー　1枝
クラッシュアイス　適量

作り方

① グラスに凍頂烏龍茶、クラッシュアイス、ザクロシロップを入れて軽く混ぜる。
② ①の上にザクロを山に盛り付け、ローズマリーを飾る。

※ザクロシロップ
材料
ザクロ　100g
グラニュー糖　100g
レモン果汁　10g

作り方
① ザクロの皮をむいて実を取り出し、HUROM HWプロフェッショナルで搾る。
② 鍋に①、グラニュー糖、レモン果汁の半量を入れて火にかけ、グラニュー糖を溶かす。
③ 氷水を入れたボウルの上に置き、ヘラでかき混ぜながら急速に冷やし、残りのレモン果汁を入れて混ぜる。

※ レモン果汁　50ページ参照。

※ 凍頂烏龍茶（ICE）の
淹れ方は10ページの
東方美人を参照。
ただし、95℃の
お湯で抽出。

凍頂パインフィズ

材料（total容量：450g）

凍頂烏龍茶（ICE） 140g
ナタデココ　60g
中沢乳業 ヴィエンヌ（殺菌冷凍卵白） 30g
パイナップルソース　30g
レモン果汁　5g
氷　適量

作り方

① グラスにナタデココ、氷の順に入れる。
② シェーカーに凍頂烏龍茶、ヴィエンヌ、パイナップルソース 、レモン果汁、氷を入れ、シェークして急速に冷やし、グラスに注ぐ。

※ 凍頂烏龍茶（ICE）の淹れ方は10ページの東方美人を参照。ただし、95℃のお湯で抽出。

※ パイナップルソース
材料
パイナップル果汁　200g
グラニュー糖　100g
レモン果汁　5g

作り方
① 鍋にパイナップル果汁、グラニュー糖を入れて火にかけ、グラニュー糖を溶かす。
② 氷水を入れたボウルの上に置き、ヘラでかき混ぜながら急速に冷やし、レモン果汁を入れて混ぜる。

※ パイナップル果汁
56ページのオレンジ果汁と同様。

※ レモン果汁　50ページ参照。

ぶどうジャスミン
ヨーグルトフォーム❄

材料

ジャスミンティー（ICE） 180g
ぶどう（赤） 3個（30g）
ぶどう（緑） 3個（30g）
アロエ 60g
ヨーグルトフォーム 40g
氷 適量

作り方

① ぶどうは半分にカット、アロエは0.5cm位にカットする。
② グラスにアロエを入れ、カットしたぶどうと氷を交互に入れる。
③ ジャスミンティーを注ぎ、ヨーグルトフォームをのせる。
✺ HOTの場合はジャスミンティーを温めてぶどうとアロエを入れ、ヨーグルトフォームをのせる。

※ ジャスミンティー（ICE）
16ページ参照。

※ ヨーグルトフォーム
63ページ参照。

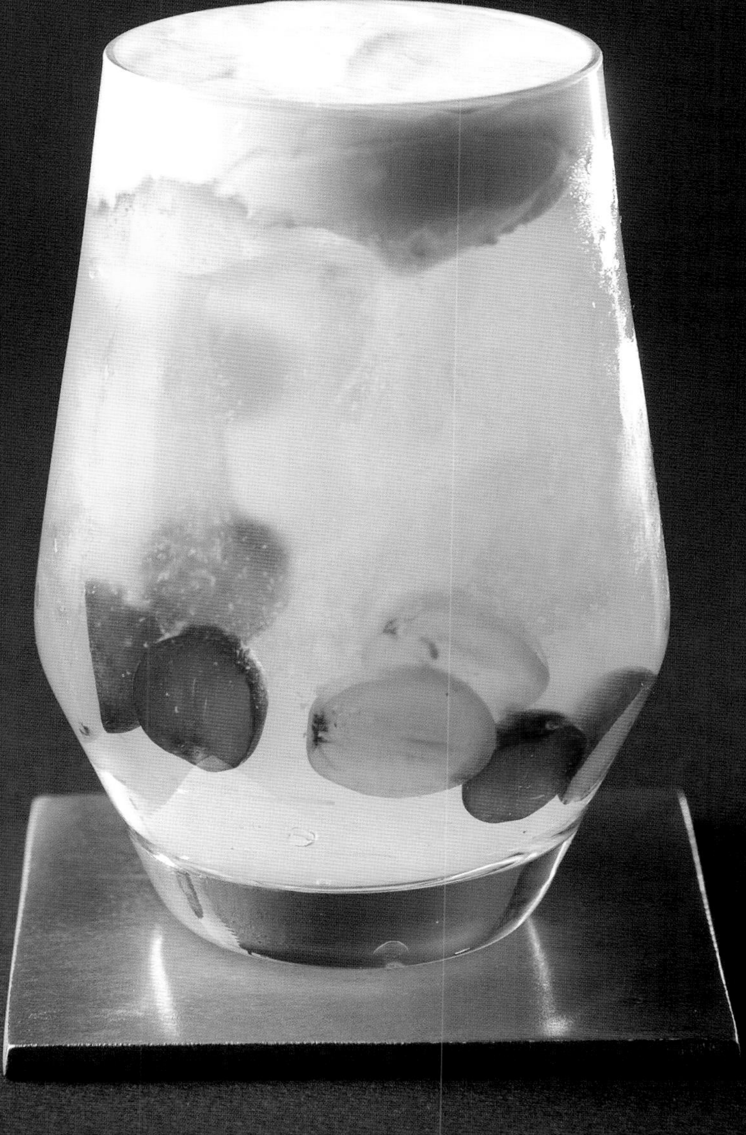

ハニーフランボワーズ ラプサンスーチョン❄

材料

ラプサンスーチョン（茶葉） 3g
お湯　80g
はちみつ　10g
フランボワーズソース　20g
氷　適量

作り方

① 容器にラプサンスーチョン、お湯を入れて蓋をし、1分蒸らす。
② シェーカーに①を茶漉しで漉して注ぐ。はちみつを入れ、軽く混ぜてはちみつを溶かす。
③ ②にフランボワーズソース、氷を入れ、シェークして急速に冷やし、グラスに注ぐ。
✺ HOTの場合は①にはちみつとフランボワーズソースを加える。

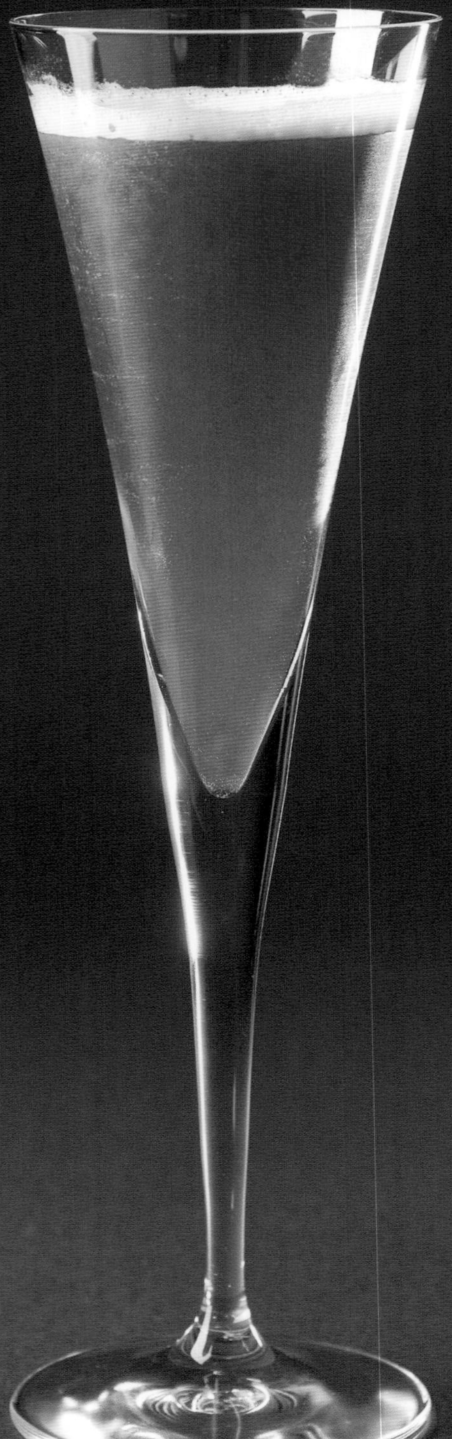

※ フランボワーズソース
材料
ボアロン冷凍ピューレ　フランボワーズ　150g
グラニュー糖　100g
レモン果汁　10g

作り方
① 鍋にフランボワーズピューレ、グラニュー糖、レモン果汁の半量を入れて火にかけ、グラニュー糖を溶かす。
② 氷水を入れたボウルの上に置き、ヘラでかき混ぜながら急速に冷やし、残りのレモン果汁を入れて混ぜる。

※ レモン果汁　50ページ参照。

白桃とブランマンジェの鉄観音 ❄

材料

鉄観音茶（ICE） 140g
ブランマンジェ　80g
モナン ホワイトピーチ・シロップ　30g
氷　適量

作り方

① カップにブランマンジェ、ホワイトピーチ・シロップ、氷の順に入れ、鉄観音茶を注ぐ。

※ブランマンジェ
材料
水　25g
ゼラチン（粉）5g
グラニュー糖　60g
生クリーム 42%　100g
アーモンドミルク　340g

作り方
① ゼラチンを水で戻し、20分ほどおいておく。
② 鍋にアーモンドミルク、グラニュー糖を入れてよく混ぜて溶かす。完全に溶けたら中火で時々かき混ぜながら温める。
③ 鍋縁がふつふつと泡が出てきたら火を止め、ゼラチンを入れてよく混ぜる。
④ 氷水を入れたボウルの上に置き、ヘラでかき混ぜながら急速に冷やす。
⑤ 生クリームと同じようなとろみになったら生クリームを注ぎ、混ぜ合わせる。
⑥ 容器に注ぎ、常温まで温度が下がってから冷蔵庫で冷やし固める。

※ 鉄観音茶（ICE）の淹れ方は10ページの東方美人を参照。ただし、95℃のお湯で抽出。

ソルティーライチジャスミンティー ❄

材料

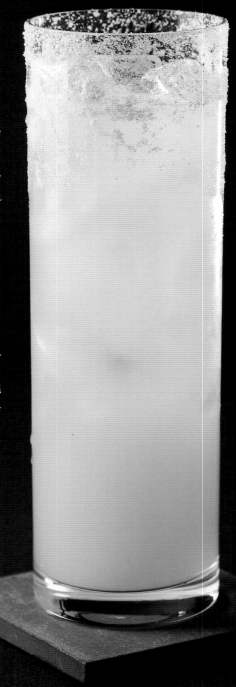

ジャスミンティー（ICE） 70g
レモン（スライス） 1枚
ピンクソルト（パウダー） 適量
ライチソース 30g
グレープフルーツ果汁 70g
氷 適量

作り方

① グラスの縁をレモンで湿らせ、ピンクソルトをまぶし、氷を入れる。
② シェーカーにライチソース、グレープフルーツ果汁、ジャスミンティーを入れ、氷を入れてシェークして急速に冷やし、グラスに注ぐ。

※ ライチソース
ボアロン冷凍ピューレ　ライチ　200g
グラニュー糖　100g
レモン果汁　10g

作り方
① 鍋にライチピューレ、グラニュー糖、レモン果汁の半量を入れて火にかけ、グラニュー糖を溶かす。
② 氷水を入れたボウルの上に置き、ヘラでかき混ぜながら急速に冷やし、残りのレモン果汁を入れて混ぜる。

※ レモン果汁　50ページ参照。

※ ジャスミンティー（ICE）　16ページ参照。

蜂蜜リンゴ東方美人&鉄観音

材料

東方美人（茶葉）　2g
鉄観音（茶葉）　2g
お湯　200g
はちみつ　10g
リンゴソース　20g

作り方

① 容器に東方美人、鉄観音、85℃のお湯を入れて蓋をし、1分蒸らす。

② ①を茶漉しで漉しながら耐熱カップに注ぐ。はちみつを入れ、軽く混ぜてはちみつを溶かしてからリンゴソースを入れて軽く混ぜる。

※ ICEの場合は②を氷入りのグラスに注いで提供。

※リンゴソース
りんご　300g
グラニュー糖　150g
レモン果汁　30g

作り方

① りんごを洗い、種を切り取り、投入口に入る大きさにカットする。HUROM HWプロフェッショナルにりんご、レモン果汁の半量を先に入れて搾る。

② 鍋に①、グラニュー糖を入れ、火にかけてグラニュー糖を溶かす。

③ 氷水を入れたボウルの上に置き、ヘラでかき混ぜながら急速に冷やし、残りのレモン果汁を入れて混ぜる。

※ レモン果汁
50ページ参照。

FRUIT & HERBAL TEA

フルーツ&ハーブティー

ハーブの歴史は古く、古代ギリシャ時代には薬や精油として使われていましたが、薬効と美味しさから広まり、代用茶としての役割も担うようになりました。ハーブを乾燥させたものやフレッシュハーブのハーブティーも香りが良く、アロマテラピー効果もあります。複数のハーブや花びらをブレンドしたり、フルーツと合わせることで飲みやすく、香りも味わいも変化します。ノンカフェインティードリンクアレンジは幅広い層や場面に飲んで頂けます。

スイカミント グリーンティー

材料

煎茶（ICE） 100g
モナン ウォーターメロン・シロップ　25g
ミント　2枚
氷　適量

作り方

① グラスに氷、ウォーターメロン・シロップ、煎茶を注ぎ、軽く混ぜ合わせ、ミントを飾る。

※ 煎茶（ICE）　14ページ参照。

ストロベリーローズマリー ジャスミンティー ❄

材料

ジャスミンティー（ICE） 100g
いちごソース 25g
ローズマリー 2〜3枝
氷 適量

作り方

① グラスに氷、いちごソース、ジャスミンティーを注ぎ、軽く混ぜ合わせ、ローズマリーを飾る。

※ いちごソース
材料
ボアロン冷凍ピューレ
フレーズ 200g
グラニュー糖 100g
レモン果汁 10g

作り方
① 鍋にフレーズピューレ、グラニュー糖、レモン果汁の半量を入れて火にかけ、グラニュー糖を溶かす。
② ①を氷水を入れたボウルの上に置き、ヘラでかき混ぜながら急速に冷やし、残りのレモン果汁を入れて混ぜる。

※ レモン果汁
50ページ参照。

※ ジャスミンティー（ICE）
16ページ参照。

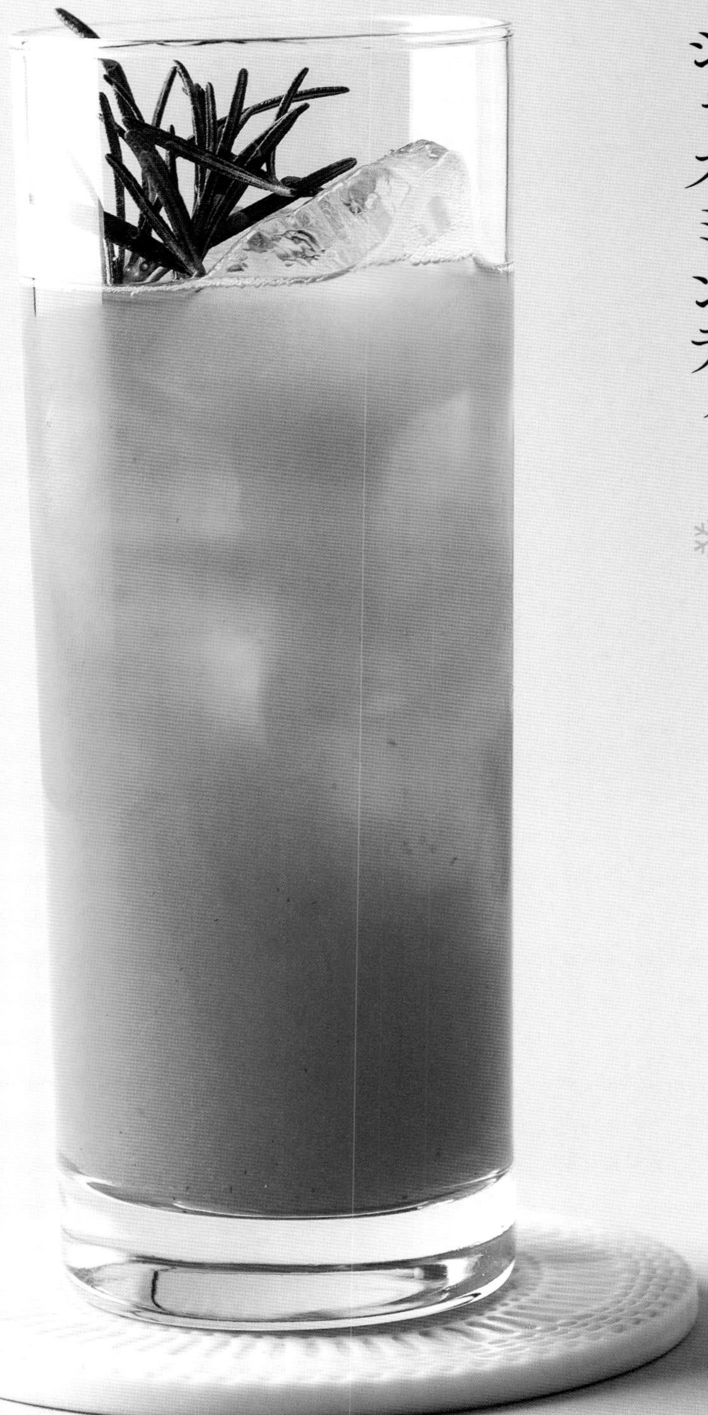

カモミールオレンジティー❄

材料

カモミール（ICE）70g
オレンジ果汁　70g
中沢乳業 ヴィエンヌ（殺菌冷凍卵白）30g
オレンジ（スライス）1枚
カモミール（茶葉）適量
氷　適量

作り方

① シェーカーにカモミール（ICE）、オレンジ果汁、ヴィエンヌ、氷を入れ、シェークして急速に冷やし、グラスに注ぐ。
② 半分にカットしたオレンジ、細かくしたカモミールの茶葉を飾る。

※ カモミール（ICE）15ページ参照。

※ オレンジ果汁　56ページ参照。

ハニーレモネードタイムティー

材料

レモンシロップ　50g
はちみつ　10g
水　150g
タイム　6枚
エスプーマ・レモンフォーム　20g
氷　適量

作り方

① 容器にレモンシロップ、はちみつ、水を入れて、はちみつが溶けるまで良く混ぜる。
② グラスに氷とタイムを交互に入れる。
③ ②に①を注ぎ、エスプーマ・レモンフォームをのせる。

※ レモンシロップ
58ページ参照。

※ エスプーマ・レモンフォーム
64ページ参照。

ストロベリーハイビスカス&ローズヒップ ❄

材料

ハイビスカス&ローズヒップティー（ICE） 100g
山眞産業 ハイビスカスダイスカットゼリー 80g
いちごソース 30g
氷 適量

作り方

① グラスにハイビスカスダイスカットゼリー、氷、ハイビスカス&ローズヒップティー、いちごソースを入れ軽く混ぜる。

※ ハイビスカス&ローズヒップティーの淹れ方は15ページのカモミールと同様。

※ いちごソース 73ページ参照。

FRUIT IN TEA フルーツインティー

タピオカミルクティーやフルーツティーはストローに入るサイズのトッピングが主流でした。さらに、フォークやスプーンを付けられるTOGOカップの蓋が発売されたことで、大きくカットしたフルーツを入れて「飲む」と「食べる」のかけ合わせを鮮明にアピールできるようになりました。新しいタイプのドリンク「ハイブリッドドリンク」の誕生です。

スイカグリーンティー

材料

煎茶（ICE） 200g
スイカゼリー　100g
モナン ウォーターメロン・シロップ　15g
スイカ（スティック） 3本
ミルクフォーム　40g
ピンクソルト（パウダー） ひとつまみ
氷　適量

作り方

① カップにスイカゼリー、ウォーターメロン・シロップ、氷、煎茶の順に入れ、スイカを飾る。
② ①にミルクフォームをのせ、ピンクソルトを振る。

※ 煎茶（ICE） 14ページ参照。

※ スイカゼリー

材料
アガー　10g
グラニュー糖　20g
水　250g
スイカ果汁　200g
モナン ウォーターメロン・シロップ　70g
レモンシロップ　30g
グラニュー糖　20g

作り方
① アガー、グラニュー糖を混ぜ合わせる。
② 鍋に①と水を入れ、しっかり沸騰させてアガーを溶かす。
③ 火を止めてスイカ果汁、ウォーターメロン・シロップ、レモンシロップを入れる。
④ 氷水を入れたボウルの上に置き、ヘラでかき混ぜながら急速に冷やす。
⑤ とろみがついてきたら容器に注ぎ、常温まで温度が下がってから冷蔵庫で冷やし固める。

※ スイカ果汁　スイカの皮をむいて種を除き、投入口に入る大きさにカットしてHUROM HW プロフェッショナルで搾る。

※ レモンシロップ　58ページ参照。

※ ミルクフォーム

材料
ミルクフォームパウダー　60g
メルティーホワイトパウダー　40g
牛乳　200g

作り方
① ボウルにミルクフォームパウダー、メルティーホワイトパウダー、牛乳を入れて混ぜ合わせる。

HYBRID

マンゴー&ジャスミンレモネード

材料

ジャスミンティー（ICE）150g
レモン（スライス）3枚
レモンシロップ　50g
マンゴー（角切り）80g
氷　適量

作り方

① カップに氷、レモンスライスを交互に入れ、レモンシロップ、ジャスミンティーを注ぎ、マンゴーを飾る。

※ レモンシロップ　58ページ参照。

※ ジャスミンティー（ICE）
16ページ参照。

パイン＆オレンジ凍頂烏龍茶

材料

凍頂烏龍茶（ICE）　200g
パイナップル（半月スライス）　80g
オレンジ（スライス）　4枚
氷　適量

作り方

① ジャーに氷、パイナップル、オレンジを交互に入れ、凍頂烏龍茶を注ぐ。

※ 凍頂烏龍茶（ICE）の淹れ方は10ページの東方美人を参照。ただし、95℃のお湯で抽出。

HYBRID

ティーミントサングリア

材料

ジャスミンティー（ICE） 150g
キウイフルーツ　1個
メロン　1/16個分
ライム（スライス） 3枚
マスカット　10粒
スターフルーツ（スライス） 5枚
氷　適量
ミント　適量

作り方

① キウイフルーツ、メロンは皮をむき、ひと口大にカットする。
② ライム、マスカットを半分にカットする。
③ グラスに氷、フルーツを交互に入れてジャスミンティーを注ぐ。
④ ミントを飾る。

※ ジャスミンティー（ICE）　16ページ参照。

HYBRID

シトラスジャスミンティー

材料

ジャスミンティー（ICE）　350g
ドライライム　3枚
ドライオレンジ　4枚
ドライブラットオレンジ　3枚
ドライ金柑　8枚

作り方

① カップにドライフルーツを入れ、ジャスミンティーを注ぐ。

HOTの場合はジャスミンティーを温めてドライフルーツを入れる。

※ ジャスミンティー（ICE）　16ページ参照。

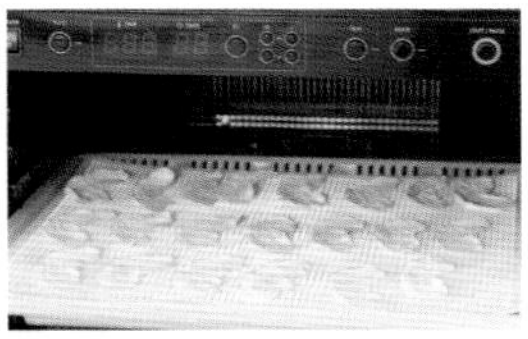

フルーツを1～5mmにカットし、重ならないようにフードドライヤーのトレーの上に並べ、40℃の温度で半日以上温風を当てるとドライフルーツに。

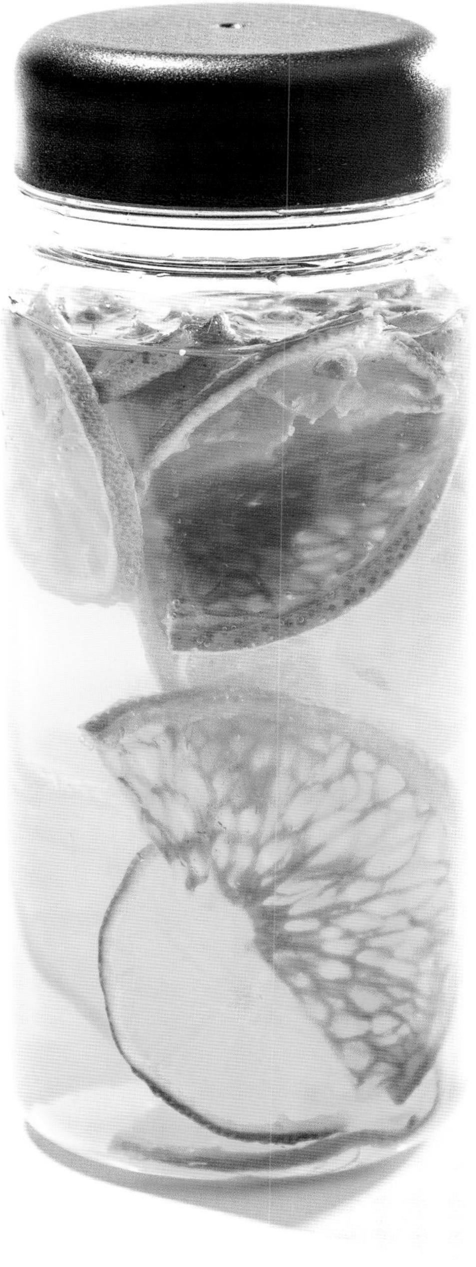

洋梨 &ライム&ミントアールグレイティー ❄

材料

アールグレイ（ICE） 200g
ドライ洋梨　6切れ
ドライライム　4枚
ミント　2摘み
氷　適量

作り方

① 容器にドライフルーツ、ミント、氷を交互に入れ、アールグレイティーを注ぐ。

✳ HOTの場合はアールグレイを温めてドライフルーツとミントを入れる。

※ アールグレイ（ICE）の淹れ方は9ページのダージリンと同様。

TEA SYRUP DRINK ティーシロップドリンク

ティーシロップは、ミルクやジュース、炭酸に入れてドリンクを作ったり、フルーツにかけて食べたりと、様々に活用できます。シロップは日持ちもします。また、味の濃さの調整もしやすいので便利。ドリンクのアレンジの幅が広がります。

ヨーグルトアールグレイティー❄

材料

アールグレイシロップ　30g
レモンシロップ　10g
中沢乳業 ヨーグルトをのむ　120g

作り方

① グラスにアールグレイシロップ、レモンシロップを入れて軽く混ぜ、氷、ヨーグルトを注ぐ。

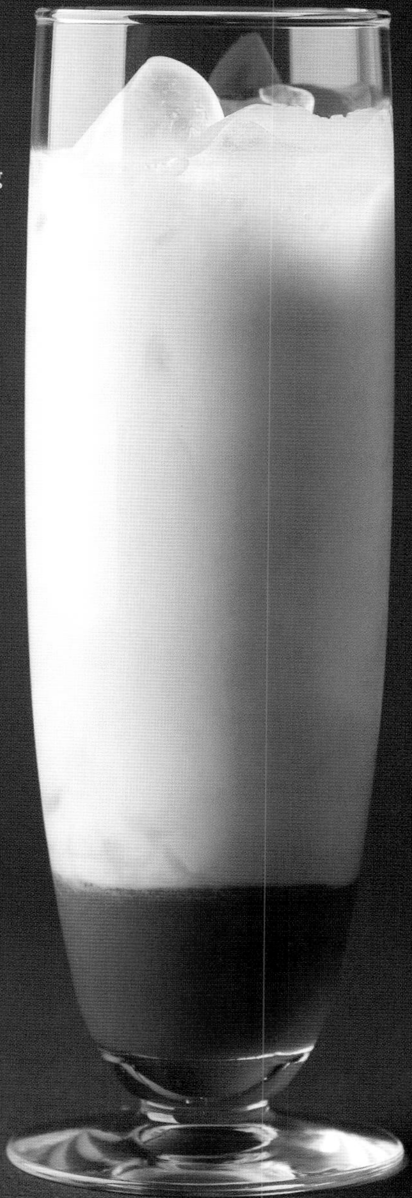

※ アールグレイシロップ
材料
アールグレイ(茶葉)　15g
水　300g
グラニュー糖　100g

作り方
① 鍋に茶葉、水を入れて強火で煮る。沸騰してから弱火にして3分煮込む。
※ 漉した液体が2/3量以下に減った場合は水を足して液量を合わせる。
② ①を茶漉しで漉し、グラニュー糖を入れて溶かす。

※ レモンシロップ
58ページ参照。

メロンジャスミンクリームソーダ

材料

ジャスミンシロップ　30g
メロンシロップ　30g
レモン果汁　5g
モナン ブルーキュラソー・シロップ　5g
強炭酸水　100g
バニラアイス　1ディッシャー
チェリー　1個
氷　適量

※ ジャスミンシロップ
材料
ジャスミンティー（茶葉）　15g
水　300g
グラニュー糖　100g

作り方
① 鍋に茶葉、水を入れて強火で煮る。沸騰してから弱火にして3分煮込む。
※ 漉した液体が2/3量以下に減った場合は、水を足して液量を合わせる。
② ①を茶漉しで漉し、グラニュー糖を入れて溶かす。

※ メロンシロップ
材料
メロン果汁　200g
グラニュー糖　100g
レモン果汁　10g

作り方
① 鍋にメロン果汁、グラニュー糖、レモン果汁の半量を入れて火にかけ、グラニュー糖を溶かす。
② 氷水を入れたボウルの上に置き、ヘラでかき混ぜながら急速に冷やし、残りのレモン果汁を入れて混ぜる。

※ メロン果汁
78ページのスイカ果汁と同様。

※ レモン果汁
50ページ参照。

作り方

① グラスに氷、ジャスミンシロップ、メロンシロップ、レモン果汁、ブルーキュラソー・シロップ、強炭酸水を入れて軽く混ぜる。
② バニラアイス、チェリーを飾る。

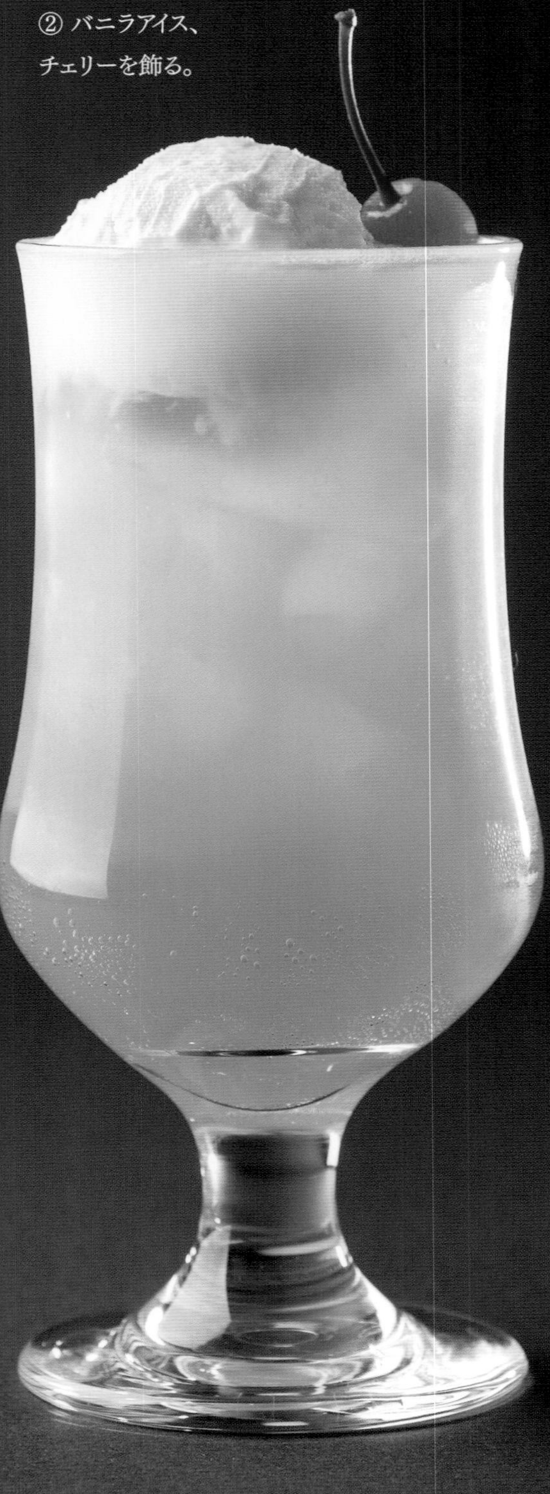

スパークリング
ハニーレモングリーンティー ❄

材料

グリーンティーシロップ　30g
レモン果汁　5g
はちみつ　5g
強炭酸水　120g
氷　適量

作り方

① グラスにグリーンティーシロップ、レモン果汁、はちみつを入れ、はちみつが溶けるまで混ぜ合わせる。
② グラスに氷、強炭酸水、①を注いで軽く混ぜる。

※ グリーンティーシロップ
煎茶（茶葉）　15g
水　300g
グラニュー糖　100g

作り方
① 鍋に茶葉、水を入れて強火で煮る。沸騰してから弱火にして3分煮込む。
※漉した液体が2/3量以下に減った場合は、水を足して液量を合わせる。
② ①を茶漉しで漉し、グラニュー糖を入れて溶かす。

※ レモン果汁　50ページ参照。

APPLE CIDER アップルサイダー

アップルサイダーとは、アメリカ合衆国およびカナダで飲まれている、リンゴを原料に作る無濾過のノンアルコール飲料。りんごのシーズンに作り、冷凍して飲まれることが多く、冬には香辛料を入れて温めて飲みます。お茶との相性も良く、寒い時期に体を温められる美味しいドリンクです。

アップルサイダーカルダモンティー

材料

東方美人　100g
カルダモン　2粒
アップルサイダー　100g
レモン（スライス）　1枚

作り方

① カルダモンのエキスが抽出しやすいように穴を開ける。
② 鍋に東方美人、アップルサイダー、カルダモンを入れ、沸騰直前まで温める。
③ 耐熱カップに注ぎ、レモンを飾る。

❄ ICEの場合はレモン以外の材料を混ぜ合わせ、氷入りのグラスに注いでレモンを飾る。

※ アップルサイダー
材料
クローブ　10個
シナモンスティック　10cm位
ジェニパーベリー　5粒
ナツメグ　少量
リンゴ果汁　1000g
オレンジの皮　1個分
三温糖　50g

作り方
① スパイス類を鍋に入れ、から煎りして香りを出す。
② リンゴ果汁とオレンジの皮を加え、弱火で30〜40分煮る。
③ 三温糖を加える。

※ リンゴ果汁
① りんごを洗い、種を切り取り、投入口に入る大きさにカットして、HUROM HWプロフェッショナルで搾る。

※ 東方美人
10ページ参照。

アップルサイダー
マンゴージンジャーティー

材料

東方美人（ICE） 100g
アップルサイダー　100g
モナン マンゴー・シロップ　20g
生姜汁　5g
ジンジャースライス　適量
氷　適量

作り方

① グラスにジンジャースライス以外の材料を入れて混ぜる。
② ①にジンジャースライスを飾る。

※ 生姜汁
① 生姜をすりおろし、ガーゼやお茶パックに入れて手で絞る。

※ 東方美人（ICE） 10ページ参照。

SHAVED ICE & TEA

雪花冰 & ティー

雪花冰《シェーホワピン》とは台湾発祥の「フワフワのかき氷」。フルーツジュースを甘くして粘度をもたせてから凍らせ、かき氷マシンで削ることでフワフワのかき氷になります。雪花冰をお茶の上にのせるこのティードリンクは、お茶を飲み、かき氷を食べてもよし。混ぜ合わせてフルーツティーにしてもよし。3つの楽しみ方ができるハイブリッドドリンクです。

マンゴー雪花冰 & ジャスミンティー

材料

ジャスミンティー（ICE）　180g
マンゴー雪花冰　適量
マンゴー（コンカッセ）　40g
クラッシュアイス　適量
※ コンカッセは「粗くみじんに刻む」こと。

※ ジャスミンティー（ICE）16ページ参照。

作り方

① グラスにクラッシュアイス、ジャスミンティーを注ぐ。
② ①の上に、かき氷マシンでマンゴー雪花冰を削ってのせる。
③ ②にマンゴーを飾る。

※ マンゴー雪花冰

材料
マンゴー（冷凍）　200g
水　200g
モナン マンゴー・シロップ　20g

作り方
① マンゴー、水、マンゴー・シロップを Vitamix A2500iで攪拌し、容器に入れて冷凍庫で冷やし固める。

東方美人桜ミルクティー

材料

東方美人ミルクティー（ICE） 150g
山眞産業 桜あん 50g
ゴールド生タピオカ 80g
チーズフォーム 50g
山眞産業 桜クランチ 適量
氷 適量

作り方

① グラスに桜あん、ゴールド生タピオカを入れて軽く混ぜ合わせる。
② ①に氷、東方美人ミルクティーを注ぎ、チーズフォームをのせる。
③ 桜クランチを振る。

HOTの場合はカップに桜あん、タピオカを入れて温めたミルクティーを注ぎ、チーズフォームをのせて桜クランチを振る。

※ ゴールド生タピオカの作り方は40ページの黒糖タピオカを参照。ただし、黒糖ではなく三温糖を使う。

※ 東方美人ミルクティー（ICE）36ページ参照。

※ チーズフォーム 40ページ参照。

CHOCOLATE TEA チョコレートティー

苦味や香りの強いお茶とチョコレートをあわせたスイーツドリンク。チョコレートには様々な香りや苦さ、酸味があり、お茶とのあわせ方次第で複雑味が増します。苦味の強い抹茶、香ばしい香りのほうじ茶、玄米茶はチョコレートと相性がとても良く、アレンジを楽しめます。

抹茶ホワイトチョコミルク ❄

材料

抹茶ソース　15g
ホワイトチョコソース　15g
牛乳　90g
ミルクフォーム　40g
抹茶チョコ（削り）3g
氷　適量

作り方

① グラスに氷を入れる。
②シェーカーに抹茶ソース、ホワイトチョコソース、牛乳、氷を入れシェークして急速に冷やし、漉しながら①に注ぎ、ミルクフォームをのせる。
③抹茶チョコをピーラーで削って飾る。

✺ HOTの場合は牛乳を温めてカップに注ぎ、ソースを加えて混ぜ、ミルクフォーム、抹茶チョコを飾って提供。

※ 抹茶ソース
39ページ参照。

※ ホワイトチョコソース
材料
クーベルチュール
ホワイトチョコレート　80g
牛乳　80g

作り方
① 鍋にホワイトチョコレート、牛乳を入れて溶かし、冷やす。

※ ミルクフォーム
78ページ参照。

ほうじ茶チョコミルク

材料

ほうじ茶ミルクティー（ICE）100g
チョコソース　30g
氷　適量

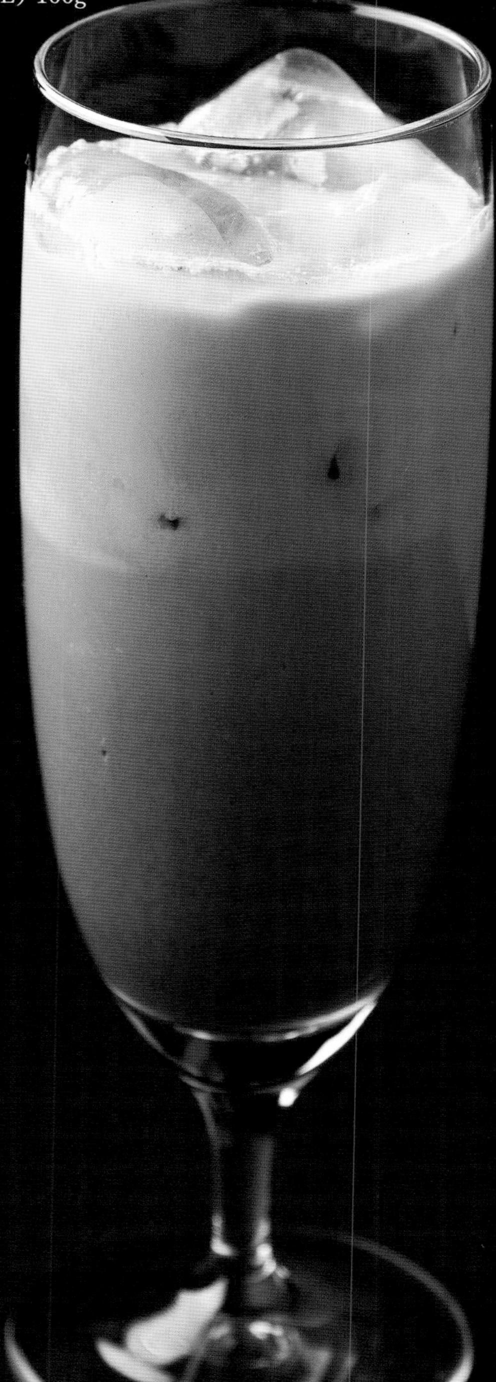

作り方

① グラスに氷を入れる。シェーカーにほうじ茶ミルクティー、チョコソース、氷を入れ、シェークして急速に冷やしてグラスに注ぐ。

✺ HOTの場合はミルクティーを温めてチョコソースを加える。

※ ほうじ茶ミルクティー
42ページ参照。

※ チョコソース
材料
クーベルチュール
チョコレート　50g
水　100g
グラニュー糖　25g
ココアパウダー　25g

作り方
① 鍋に全ての材料を入れて弱火で溶かす。

ピスタチオホワイトチョコ
玄米茶❄

材料

玄米茶（ICE）　150g
ホワイトチョコフォーム　40g
ピスタチオペースト　10g
ピスタチオ　3粒
氷　適量

作り方

① カップに氷、玄米茶を注ぐ。
② ホワイトチョコフォームにピスタチオペーストを合わせて①にのせる。
③ ピスタチオを飾る。
✳ HOTの場合は玄米茶を温めてカップに注ぎ、ピスタチオペーストを合わせたホワイトチョコフォームをのせてピスタチオを飾る。

※ 玄米茶（ICE）　12ページ参照。

※ ホワイトチョコフォーム

材料
ホワイトチョコレート　80g
牛乳　80g
生クリーム 42%　100g

作り方
① 鍋にホワイトチョコレート、牛乳を入れて溶かし、冷やす。
② ボウルに生クリームを入れてホイッパーで7分立てのかたさにし、①を入れて混ぜ合わせる。

※ ピスタチオペースト

材料
ピスタチオ（皮付き）300g
グラニュー糖　150g

作り方
① ピスタチオをフードプロセッサーで粉状に粉砕する。
② ①をメランジャーに移し、滑らかになるまで回す。
③ グラニュー糖を入れてさらに回し、滑らかにする。
※ 油分が足りず滑らかにならない場合は、ピスタチオオイルを少しずつ足して滑らかにする。

②

CHOCOLATE TEA >>> チョコレートティー

VEGETABLE TEA

ベジタブルティー

バーでお酒が飲めない方や、甘い飲み物が苦手な方におすすめのドリンク。野菜を裏濾ししたり、見栄え良く盛り付けしたり。一見ではお茶とは想像つかないドリンクになります。飲んだ時の驚きと相まって、より野菜やお茶の味と香りがしっかりと感じます。料理の手法を取り入れることで生まれた、新感覚ドリンクです。

トマトダージリンティー

材料

ダージリン（ICE）　60g
トマト（ドリップ）　60g
グラニュー糖　10g
ダージリン（茶葉）　適量
シャボン液　1回分
氷　適量

作り方

① シェーカーにダージリン、トマト（ドリップ）、グラニュー糖、氷を入れ、シェークして急速に冷やし、グラスに注ぐ。
② ミニスモーカーにダージリン（茶葉）をセットし、ホースの先端をシャボン液につけ、火を付けてファンを回す。
③ 先端からシャボン玉が膨れてきたらグラスに静かに落とす。

ミニスモーカーはポータブル燻製器。

※ トマト（ドリップ）
① トマト（甘味の強いもの）を洗ってヘタを取り、HUROM HWプロフェッショナルで搾る。
② ①をペーパードリップで濾す。

※ シャボン液
材料
シャボン玉石けん（無添加）3g
お湯　100g
グラニュー糖　1g
作り方
① 容器にシャボン玉石鹸（無添加）、お湯、グラニュー糖を入れ、混ぜ合わせてシャボン液を作る。

※ ダージリン（ICE）
8ページ参照。

HYBRID

キューカンバン抹茶レモネード

材料

抹茶ソース　20g
きゅうり（格子状）　1/2本分
抹茶ソース　20g
レモンシロップ　40g
水　120g
氷　適量

※ きゅうり（格子状）
作り方
① きゅうりをピーラーでスライスする。
② ①を縦半分にカットする。
③ ラップを敷き、その上に緑の皮の向きを合わせて格子状に並べる。
④ ③の角を包丁でカットして整え、ペーパーで水分を拭き取る。

※ 抹茶ソース　39ページ参照。

※ レモンシロップ　58ページ参照。

作り方

① グラスにきゅうり（格子状）をラップごとグラスに貼り付け、ゆっくりラップだけを外す。
② ①に氷を入れる。
③ シェーカーに抹茶ソース、レモンシロップ、水、氷を入れ、シェークして急速に冷やし、グラスに注ぐ。

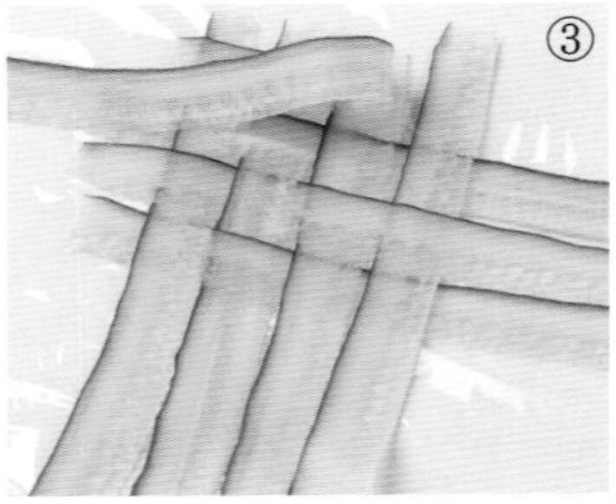

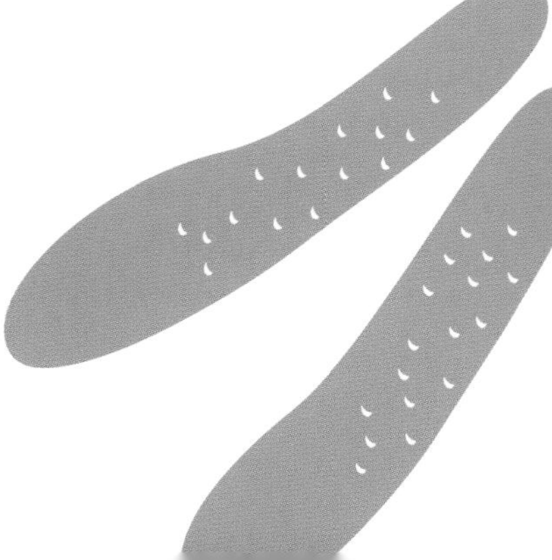

HYBRID

VEGETABLE TEA >>> ベジタブルティー

XIENTAN DRINK 鹹蛋（シエンタン）ドリンク

シエンタンとは、中国大陸、香港、台湾、東南アジアで広く作られている塩漬け卵のこと。塩漬けの際に香辛料を入れ香りを華やかに。２～3週間ほどで卵の黄身はねっとり、白身はサラサラ。ミルクとの相性の良い黄身を使用します。

シエンタンミルクティー ❄

材料

東方美人ミルクティー（ICE）　200g
シエンタン（黄身）　2個
グラニュー糖　10g
手ごね生タピオカ　100g
カスタードフォーム　40g
氷　適量

※ 手ごね生タピオカの作り方は40ページの黒糖タピオカを参照。
ただし、黒糖ではなく三温糖を使う。

作り方

① Vitamix A2500iに東方美人ミルクティー、シエンタン、グラニュー糖を入れて中速で攪拌する。
② グラスに手ごね生タピオカ、氷を入れて①を注ぎ、カスタードフォームをのせる。

※ シエンタン
材料
卵　適量
八角　適量
シナモン　適量
水　適量
塩　水の20%の分量

作り方
① 鍋に水、塩を入れ、沸騰させて塩を溶かす。
② ①を常温まで冷まし、密閉容器に移して卵、八角、シナモンを入れる。
※ 冷暗所で1ヵ月保管可能。
※ 容器に卵を入れた際、必ず塩水に浸かるようにする。

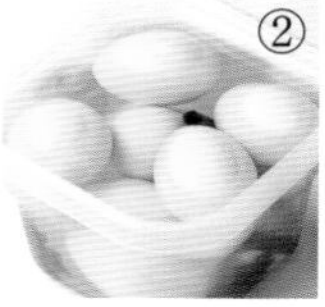

※ 東方美人ミルクティー（ICE）　36ページ参照。

※ カスタードフォーム
材料
アングレーズソース　50g
生クリーム 42%　100g
グラニュー糖　9g

作り方
① ボウルにアングレーズソース、、生クリーム 、グラニュー糖を入れ混ぜ合わせる。

※ アングレーズソース
材料
牛乳　240g（卵黄の4倍量）
バニラのさや　1/4本
卵黄　60g
グラニュー糖　60g（卵黄と同量）
バニラエッセンス　1g

作り方
① バニラのさやを縦に裂き、牛乳と共に鍋に入れて火にかけ、沸騰直前まで温める。
② ボウルに卵黄を入れて泡立て器でほぐし、グラニュー糖を加え、もったりするまで混ぜる。
③ ②を混ぜながら①を数回に分けて入れる（一気に入れると牛乳の熱で卵黄が固まるので注意）。
④ ③を鍋に移し、混ぜながら弱火にかける（沸騰させないこと）。

XIENTAN DRINK >>> 鹹蛋（シエンタン）ドリンク

シエンタンエッグノッグ

材料

シエンタン（黄身）　2個
牛乳　120g
ラムフレーバー　2滴
グラニュー糖　5g
チョコプリン　80g
チーズフォーム　50g
ココアパウダー　適量
氷　適量

作り方

① Vitamix A2500iにシエンタンの黄身、牛乳、ラムフレーバー、グラニュー糖を入れて中速で攪拌する。
② グラスにチョコプリン、氷を入れて①を注ぎ、チーズフォームを乗せる。
③ ココアパウダーを振る。

※ チョコプリン
材料
水　30g
ゼラチン　6g
牛乳　340g
クーベルチュールチョコレート　30g
ココアパウダー　30g
グラニュー糖　20g

作り方
① ゼラチンを水で戻し、20分ほどおいておく。
② 鍋に牛乳とゼラチンを入れ、沸騰直前まで温めてゼラチンを溶かす。
③ ②にクーベルチュールチョコレート、ココアパウダー、グラニュー糖を入れて溶かす。
※ ココアパウダーが解けない場合は、ハンドミキサーやミキサーなどで攪拌して溶かす。
④ 容器に移し、時々熱が均一になるように混ぜながら冷やす。固まりかけたら冷蔵庫に入れる。

※ シエンタン　104ページ参照。

※ チーズフォーム　40ページ参照。

XIENTAN DRINK >>> 鹹蛋（シエンタン）ドリンク

SWEET POTATO TEA DRINK

スイートポテトティードリンク

秋になると美味しい芋が収穫されます。その時期にぴったりのスイーツドリンク。焼き芋やスイートポテトを食べながらお茶を飲むと、口の中がさっぱりして甘さの強い芋のスイーツをより美味しく感じさせます。その両方をかけ合わせたハイブリッドドリンク。

焼き芋ほうじ茶ラテ

材料

ほうじ茶（粉）　5g
焼き芋　70g
牛乳　140g
ラムフレーバー　3滴
芋丸（さつまいも）　100g
チーズフォーム　40g
桜スモーク　適量
氷　適量

作り方

① Vitamix A2500iにほうじ茶(粉)、焼き芋、牛乳、ラムフレーバーを入れて中速で攪拌する。
② グラスに芋丸、氷を入れて①を注ぎ、チーズフォームをのせる。
③ 蓋を閉めてミニスモーカーで桜スモークを着香する。

HOTの場合は①を温めてカップに注ぎ、芋丸、チーズフォームを盛り付け、桜スモークで燻して提供。
※ ミニスモーカー　100ページ参照。

※ 芋丸（さつまいも）
材料
芋丸（さつまいも）300g
お湯　1500g
三温糖　90g

作り方
① 鍋で芋丸に対して5倍量のお湯を強火で沸かす。
② ①に芋丸を入れ、浮いてくるまで軽くかき混ぜる。
③ 浮いてきたら弱火で5分煮る。
④ 茹で上がったらザルにあけて湯切りをし、三温糖を混ぜる。
※ 1.25倍に膨れる。
※ 三温糖は茹でる前の芋丸の0.3倍の量。

※ チーズフォーム　40ページ参照。

HYBRID

SWEET POTATO TEA DRINK >>> スイートポテトティードリンク

安納芋ミルクティー

材料

ウバミルクティー（ICE） 200g
安納芋クリームペースト 100g
エスプーマ・ホイップクリーム 50g
求肥 50g
氷 適量

作り方

① モンブランマシンに安納芋クリームペーストを入れる。
② カップに氷を入れて、ウバミルクティーを注ぎ、ホイップクリームを絞って求肥を山に盛る。

③ ②に①を絞る。
HOTの場合はミルクティーを温めてカップに注ぎ、ホイップクリームを絞って求肥を山に盛り、安納芋クリームペーストを絞る。

※ ウバミルクティー（ICE） 38ページ参照。

※ 安納芋クリームペースト

材料
安納芋（石焼） 200g
グラニュー糖 100g
ラム酒 3g
生クリーム 42% 適量

作り方
① 安納芋は皮をむく。
② フードプロセッサーに①、グラニュー糖、ラムフレーバーを入れてペーストにする。
③ 生クリームを少しずつ足して好みの固さに仕上げる。

※ エスプーマ・ホイップクリーム

材料
生クリーム 42% 100g
グラニュー糖 9g

作り方
① 生クリーム、グラニュー糖をエスプーマ用ディスペンサーに入れる。
② ヘッドをしめる。
③ ガスボンベのバルブを開け、ガスジョイントをヘッドにねじ込み充填する。
④ ガスの音が止まったらガスジョイントを外し、バルブを閉める。
⑤ ディスペンサーを上下に20〜30cm振る。
⑥ ノズルを垂直にしてゆっくりレバーを握り抽出する。

HYBRID

SWEET POTATO TEA DRINK >>> スイートポテトティードリンク

OTHER TEA その他茶

お茶に、料理に使う食材や出汁をあわせたドリンク。日本人には馴染みのある食材や出汁の香りとお茶の香りが合わさることで、新しい発見があるはず。そのままで飲むのもいいですが、料理と合わせて食事中に飲むと、料理がより美味しくなります。

ブラックペッパーコーンミルクティー❄

材料

とうもろこしのひげ茶　200g
コーンパウダー　20g
ミルクパウダー　40g
チーズフォーム　20g
黒胡椒　少々
氷　適量

作り方

① Vitamix A2500iにとうもろこしのひげ茶、コーンパウダー、ミルクパウダーを入れて中速で攪拌する。
② グラスに氷を入れて①を注ぎ、チーズフォームをのせる。
③ 黒胡椒を振る。
✺ HOTの場合は①を温めてチーズフォームをのせ、黒胡椒を振る。

※ とうもろこしのひげ茶
材料
とうもろこしのひげ茶IPC　8g
水　300g

作り方
① 容器にとうもろこしのひげ茶、水を入れて半日冷蔵庫で抽出する。

※ チーズフォーム
40ページ参照。

昆布八角緑茶

材料

煎茶　4g
お湯　150g
八角　1個
昆布茶（角切り）1/2枚

作り方

① 茶器に煎茶と60℃のお湯を入れ、蓋をして1分蒸らす。
② ①を茶漉しで漉し、耐熱カップに注ぐ。
③ ②に八角、昆布茶を入れる。

かつお出汁玉露 ❄

材料

煎茶（ICE） 50g
水出しかつお出汁　50g

作り方

① ミキシンググラスに煎茶、水出しかつお出汁を注ぎ、急速に冷やしてグラスに注ぐ。

✺ HOTの場合は全ての材料を温めて提供。

※ 水出しかつお出汁
材料
かつお節　10g
水　500g

作り方
① 容器にかつお節、水を入れて半日冷蔵庫で抽出する。

※ 煎茶（ICE）　14ページ参照。

わさび蕎麦＆煎茶

材料

煎茶　3g
お湯　160g
蕎麦の実　50g
わさび　2g

作り方

① 茶器に煎茶と60℃のお湯を入れ、蓋をして1分蒸らす。
② 耐熱カップに蕎麦の実、わさびを入れて軽く混ぜ合わせる。
③ ①を茶漉しで漉して②に注ぐ。

※ 蕎麦の実
材料
蕎麦の実　100g
水　300g

作り方
① 蕎麦の実をたっぷりの水（分量外）に1時間漬ける。
② 鍋に蕎麦の実、水を入れて強火で煮る。沸騰したら弱火にし、蓋をして15分煮込む。
③ ②をザルにあけ、流水で洗って滑りをとる。

YOGURT DRINK ヨーグルトドリンク

ティーショップで既に流行り始めているヨーグルトドリンク。お茶の代わりにヨーグルトをベースにして、ティードリンクでよく使うシロップ、フルーツなどを組み合わせて作ります。ヨーグルトはフルーツと相性が良く、お茶が飲めない人でも美味しく楽しんでもらえます。

いちごホワイトチョコヨーグルト ❄

材料 (total容量：500g)

いちごソース　50g
中沢乳業 ヨーグルトをのむ　200g
ホワイトチョコフォーム　50g
いちご（コンカッセ） 1個分
氷　適量
※ コンカッセは
「粗くみじんに刻む」こと。

作り方

① グラスにいちごソース、氷、ヨーグルトの順に入れ、ホワイトチョコフォームをのせる。
② いちごを飾る。

※ いちごソース
73ページ参照。

※ ホワイトチョコフォーム
98ページ参照。

アボカドレモンヨーグルト ❄

材料 （total容量：500g）

アボカドレモンソース　50g
アロエ　60g
中沢乳業 ヨーグルトをのむ　100g
氷　適量

作り方

① カップにアボカドレモンソースをデコレーションし、アロエと氷を入れてヨーグルトを注ぐ。

※ アボカドレモンソース
材料
アボカド　100g
レモンシロップ　100g

作り方
① Vitamix A2500 iに皮と種を取ったアボカド、レモンシロップ?を入れ低速で攪拌する。

※ レモンシロップ　58ページ参照。

POPULAR SHOP
TEA DRINK

人気店のティードリンク

※ 紹介しているお店のデータや商品の価格などは、取材時のものです。

※ 紹介している商品は、季節によって無い場合や、内容が変更になる場合があります。

東京・表参道

COMEBUYTEA《カムバイティー》 表参道店

東京・自由が丘

茶工廠 CHA-KOUJYOU

東京・渋谷

珍煮丹 TRUEDAN MAGNET by SHIBUYA109店

東京・西荻窪

Satén Japanese tea

東京・渋谷

Piyanee 渋谷店

静岡・静岡市

Organic Matcha Stand CHA10

東京・表参道

COMEBUYTEA《カムバイティー》

表参道店

高級厳選茶葉と最新鋭マシンが生み出す からだが整うヘルシードリンク

台湾のティーマスターが世界中の茶葉の産地より高品質な茶葉を厳選し、独自開発のグラインダーとマシンで抽出するお茶が話題。通常の2倍以上の茶葉を高圧で抽出するお茶は香りが立ち、栄養価も高い。アロエなど、からだが喜ぶトッピングも揃え、カスタマイズの楽しさも体感できる。

>>> SHOP DATA 144ページ

カスタマイズ
人気No.1

**ローステッド
ウーロンティー＋
エバミルク＋
タロイモボール**

630円

深煎りのウーロンティーはコクがあり、濃厚なエバミルクと好相性。カラフルなタロイモボールは世界17店舗のCOMEBUYTEAで人気No.1で、ほどよい甘さともちもちとした食感が特徴。同店では注文後、1杯ごとに高圧で抽出し、ティーバーテンダーが1杯ごとにボストンシェイカーでシェイクし、空気を含ませてから提供する。このひと手間で深みのある、まろやかな味わいに仕上がる。

カスタマイズ
人気 No.2

キンモクセイウーロンティー＋黒糖こんにゃくゼリー

670円

独特な香りが印象的な金木犀の花で香り付けされたキンモクセイウーロンティーに黒糖こんにゃくゼリーをトッピング。グラスの容量は約500mlでトッピングの食材も台湾産の無添加・無着色製品にこだわり、1杯あたり50g〜100g使用する。また、高温で抽出されるお茶はカテキンを多く含むため、抗酸化作用や抗ウイルス作用など、さまざまな効果が期待できる。

カスタマイズ
人気 No.3

ジャスミングリーンティー＋パイナップルジュース＋ナタデココ

640円

緑茶にジャスミンの香りを付けて爽やかに仕立てたジャスミングリーンティーに台湾特産のパイナップルジュースを合わせ、コリコリした食感のナタデココをトッピング。同店のフルーツジュースは台湾の契約農家から果物の旬の時期に大量に収穫し、新鮮なうちにジュースにして急速冷凍保存するため、通年で旬のおいしさを提供できる。

季節の
おすすめドリンク

ピンクマテ

（カシスマテティー＋ナタデココ）

670円

「飲むサラダ」とも呼ばれる、ビタミン、ミネラル分が豊富な南米の伝統茶葉のマテ茶。同店では未焙煎のグリーンマテティーにカシスとハイビスカスをブレンドした「カシスマテティー」を2020年3月に新発売。美しいピンク色と甘酸っぱく爽やかな口当たりが特徴。季節のおすすめドリンクとしてナタデココをトッピングした春にふさわしい「ピンクマテ」を提供。

カスタマイズ
人気No.5

ウーロンティー＋レッドグレープフルーツジュース＋アロエ

640円

レッドグレープフルーツの果汁と鮮やかな色合いの果肉がほどよいコクがあるウーロンティーとマッチして清涼感のあるフルーティーなドリンクに。すっきりとした味わいは女性をはじめ、男性客のオーダーも多い。お茶のカテキン効果に加え、レッドグレープフルーツのビタミンCも摂取できるヘルシードリンク。

人気のホットドリンクとオリジナルフローラルティー

セイロンブラックティー＋ミルク＋タロイモボール＋クリームチーノ（HOT）

740円

花のような香りと渋みが特徴のセイロンブラックティーにミルクを加え、カラフルなタロイモボールとクリームチーノをトッピングした。クリームチーノは生クリームとフレッシュミルクを合わせたものに微量の塩味を加えることでミルクティーの甘みを引き立たせる。自由にカスタマイズできる「CREATEA（クリエイティー）」はベースのお茶（4種類）を選び、ミルク（3種類）またはジュース（4種類）とはちみつからブレンドするドリンクを選ぶ。トッピングは8種類のうち3種類まで選ぶことができ、甘さと氷の量を選ぶ。

東方美人ウーロンティー（HOT・奥） **600**円

茶葉本来の味を楽しんでもらうメニューとして、東方美人ウーロンティー、阿里山ウーロンティー、キンモクセイウーロティー、ルイボスティー、ハイビスカスブラックティー、カシスマテティーの6種類を「QUALITEA（クオリティー）」として提供。東方美人ウーロンティーは比較的発酵度が高く、紅茶に近い味わい。台湾で阿里山ウーロンティーと並ぶ高級銘茶だ。

キンモクセイウーロンティー＋黒糖こんにゃくゼリー（HOT・手前）

670円

ホットドリンクの黒糖こんにゃくゼリーは食感がより柔らかく、モチモチに。ホットドリンクは通常、紙カップで提供する。

※ 価格は税別。

東京・自由が丘

茶工廠

CHA-KOUJYOU

6段階のカスタマイズで広がる
12種類の台湾茶葉の魅力

独自開発のドリップマシンで抽出する台湾茶と好みであわせるトッピングが充実。タピオカも黒糖味のブラック以外にもカラフルなタピオカなど4種類を揃えて、カスタマイズの幅を広げている。

>>> SHOP DATA 145ページ

カスタマイズ
人気No.1

台湾烏龍ミルクティー

490円

甘さ：普通、ミルク：牛乳、トッピング：黒糖手ごねタピオカ。台湾烏龍茶の旬である「冬摘み」の茶葉を使用。低温下でゆっくりと成長し、肉厚で甘みや香りが凝縮されている烏龍茶にミルクを加えた。ミルクは牛乳、低脂肪牛乳、豆乳の3種類から選ぶ。サイズはショート、トール、グランデを揃え、お客の7割が500ml入りのトールサイズを注文する。

カスタマイズ
人気 No.2

竹炭入り台湾烏龍茶

590円

甘さ：少なめ、ミルク：牛乳、トッピング：芋丸&竹炭。2019年にメディアに登場して以来、人気ベスト5にランクイン。整腸作用がある竹炭は粉末を利用。台湾烏龍茶とあわせると薄墨色になり、乳白色のミルクとのコントラストが映える。トッピングには黄（サツマイモ）、紫（紫イモ）、白（タロイモ）のカラフルなタピオカ「芋丸（タロイモボール）」が好相性。

カスタマイズ
人気 No.3

黒糖タピオカミルク

550円

甘さ：普通、ミルク：牛乳、トッピング：黒糖手ごねタピオカ。カップの内側数カ所に沖縄県産の黒糖で仕立てたソースを垂らし、黒糖手ごねタピオカを入れて牛乳を注ぐ。同店を経営する（株）マルイ物産はタピオカも製造しており、4種類のタピオカ（黒糖手ごねタピオカ、手ごねタピオカ、無糖タピオカ、芋丸）を展開。毎日の使用量（4種類合計）は平日7kg、週末は約14kg、夏季ともなると平日の3倍にものぼる。タピオカは専用ジャーでゆでてから保温して提供。男性のオーダーも多い。

カスタマイズ
人気 No.4

アールグレイミルクティー

490円

甘さ：普通、ミルク：牛乳、トッピング：手ごねタピオカ。英式紅茶のアールグレイはベルガモットで香り付けされ、すっきりとした味わい。紅茶本来が持つ効能である殺菌作用やビタミン補給、老化防止効果も期待でき、女性に嬉しい人気ドリンク。

カスタマイズ
人気 No.5

抹茶ミルク

490円

甘さ：普通、ミルク：牛乳、トッピング：手ごねタピオカ。静岡県産の抹茶を使ったドリンクをミルクと合わせた。鮮やかな緑色にほどよい渋みが印象的。下層部のミルクに甘みを加えているため重量が増し、上層部と分離して美しい層が完成する。

台湾茶をストレートで楽しめる人気茶

白桃烏龍茶（左） 350円

みずみずしい白桃の香りをつけたフルーティーなフレーバードティー。爽やかな味わいとやわらかな香りが、深みのある台湾烏龍茶を引き立てる。

東方美人茶（右） 350円

発酵度が高く、紅茶を思わせる風味が特徴。胃腸の調子を整え、便秘改善や美肌効果も期待できる健康茶で女性に好評。

2020年5月中旬からリニューアルしたフルーツティードリンクに期待大

パッションフルーツ（右）
イチゴとクコの実（左）
ピンクグレープフルーツ（奥）

2020年夏季に向けて、喉越しがよく、さわやかな味わいのドリンクが登場。（株）マルイ物産がフルーツとナタデココを合わせた3種類のソース（100g）を開発し、フルーツティーをリニューアルした。「パッションフルーツ」はパッションフルーツのタネのツブツブ感とほどよい酸味が特徴。「イチゴとクコの実」は鮮やかなベリー系の色合いにクコの実がアクセントに。「ピンクグレープフルーツ」は果肉のピンク色がお茶に映える。ベースとなる茶葉は清涼感のあるジャスミン茶（取材時）または透明感のある四季清茶で提供する。

※ 価格は税別。すべてトールサイズ。

東京・渋谷

珍煮丹

TRUEDAN
MAGNET by SHIBUYA109店

オリジナル黒糖に合う茶葉を厳選し、
日本産乳製品や抹茶で生み出す個性的な1杯

台湾の自社工場で製造する黒糖とタピオカと牛乳を合わせた「黒糖タピオカミルク」で評判の同店。日本では台湾茶葉に濃厚な北海道乳製品と高級宇治抹茶を合わせ、本場とはひと味違うドリンクも提供する。

>>> SHOP DATA 146ページ

黒糖宇治抹茶
ミルクティー

550円

京都府宇治産抹茶の苦味と台湾産黒糖とタピオカのコクと甘さがマッチする。黒糖ミルクティーは台湾でも人気があり、ほかに「黒糖アッサムミルクティー」、「黒糖鉄観音ウーロンミルクティー」（共にMサイズ500ml 450円）など、5種類を提供。食材は無添加の自然素材にこだわり、店舗で茹でて黒糖シロップに漬け込むタピオカは3時間で廃棄するなど、衛生面を徹底している。

フレッシュフルーツティー

750円

新鮮なフルーツと台湾茶葉に三温糖を加えた爽やかなドリンク。ジャスミン茶をベースにフランス産パッションフルーツとキンカンのピューレ、自家製パイナップルピューレを加え、オレンジ、ライム、キウィ、リンゴをトッピングしてフルーツ満載に。ジャスミン茶にライムのかすかな苦味が感じられ、フルーツのほのかな甘みが訪れる。HOTなし、Lサイズ（700ml）のみの提供。

イチゴ&濃厚
ブルーベリーミルク

600円

2020年のバレンタイン限定ドリンクがリニューアルして登場。ミルク、ブルーベリー、イチゴの果肉の3層が鮮やかなドリンク。ブルーベリーの酸味とイチゴのほのかな甘みが特徴で、3層を混ぜ、ミルキーなベリー感を楽しむ。

2020年春から
グレードアップする
お茶ドリンク

プレミアム抹茶ミルク

600円

ワンランク上の抹茶ドリンクは農薬や肥料を使わず、在来種で栽培した日本古来の無添加抹茶を使用する。

プレミアムアッサムミルクティー

550円

インド北東部のアッサム州で採れるカメリアアッサミカ100%の茶葉を使用。アッサムティー特有の芳醇な香りと、紅茶のしっかりとした味わいが体感できる。

人気ブランドを支える
2大ドリンク

黒糖タピオカミルク

650円

台湾の自社工場で製造される黒糖は素材のおいしさを逃がさない伝統的な手法にこだわり、ビタミン、ミネラル、カルシウムが豊富。日本では北海道産牛乳を使用しているため、台湾の「黒糖タピオカミルク」より、濃厚な味わいとなっている。黒糖シロップに漬け込んだタピオカはわらび餅のような柔らかな食感で、一粒一粒のコクと甘さが印象的。

ミルクフォーム
黒糖オレオ　タピオカミルク

750円

タピオカ、黒糖ミルク、北海道産クリームチーズのミルクフォームの3層にチョコクランチを散らし、オレオをトッピングしたパフェ感覚のデザートドリンク。オレオでクリームチーズをすくって楽しむ食べ方が人気。同店ではミルク、ミルクティー、ミルクフォーム、フルーツティー、お茶の5シリーズのドリンク約20種類を4段階のカスタマイズで提供する。

※ 価格は税別。フレッシュフルーツティー以外はすべてMサイズ。

東京・西荻窪

Satén Japanese tea

日本茶の魅力を最大限に引き出す
多彩なドリンク

それぞれの分野を知り尽くす茶リスタとバリスタによるお茶専門店。お客の目の前で淹れる緑茶や抹茶をはじめ、日本茶でアレンジしたカフェオレ、ビールなど、アルコールと組み合わせたカクテルも揃え、さまざまなニーズに対応する。

>>> SHOP DATA 147ページ

緑茶
シングルオリジン

530円

日本全国から選りすぐりの産地、農園の緑茶を揃え、「本日の緑茶」として提供する。取材時は、福岡県八女市の農園「千代乃園」の「おくゆたか」。花のような甘い香りと 旨みが特徴。96℃の熱湯を氷入り耐熱ガラスサーバーで冷まし、急須に注いで茶葉をゆっくり開かせて旨みを引き出す。1煎目ごとに味わうのではなく、3煎分の抽出約200mlで完結させる。レトロなデミタスカップで提供し、緑茶のやわらかな甘みを楽しんでもらう。

抹茶ラテ（ICE）

600円

京都・宇治白川の農園「辻喜」の抹茶を使用。品評会でかずかずの受賞歴がある同農園では、新芽の葉のみ厳選し、石臼挽きで抹茶に仕立てている。抹茶4gと湯30mlを茶せんで点て、低温殺菌牛乳と合わせた。さっぱりとした牛乳の甘みと抹茶の濃い香りとほどよい苦みが印象的。同店のアイスドリンクは松徳硝子（株）製「うすはりタンブラー」で提供する。

砂炒りほうじ茶ラテ（ICE）

540円

茶葉は昔ながらの砂煎り製法による茨城・猿島の「砂炒りほうじ茶」を使用。遠赤外線による加熱で茶葉からは柔らかな深い甘みと、華やかな香りが生まれる。エアロプレスで濃いめに抽出する茶葉の量は通常の倍以上の13g。すっきりとした味わいが人気。

NISHI-OGIKUBOを冠した コーヒードリンクにも注目

NISHI-OGIKUBO ICE COFFEE

600円

香り高い深煎り焙じ茶をコーヒーで抽出し、きび砂糖で甘みをつけた特製シロップ「西荻窪コーヒーシロップ」と牛乳をミックスしたアイスカフェオレ。同店ではコーヒーベースのドリンクには牛乳らしいコクが感じられる高温殺菌牛乳を、抹茶などには牛乳のやさしい甘みが感じられる低温殺菌牛乳を使用する。

日本茶をアレンジした
カクテルも話題

抹茶ビール

950円

「Japanese Tea Cocktail」シリーズのカクテル。京都・宇治白川「辻喜」の抹茶をビール（キリン・ハートランド）と合わせた。オーダーごとに抹茶を点て、ビールに入りグラスに注いでいく。混雑時を除き、客席で注ぎ入れており、琥珀色のビールに深緑色の抹茶が溶け込んでいく様子に感動するお客も多い。20代から30代の男性客に人気。「Japanese Tea Cocktail」シリーズはほかに、「煎茶ジントニック」（900円）と「焙じ茶ラムコーク」（900円）がある。

アイリッシュ抹茶

950円

温めたアイリッシュウィスキーに甘みをつけ、抹茶を注いで生クリームをフロートした。生クリームのなめらかな口当たりに、ほのかな苦味の抹茶とほどよい甘みのアイリッシュウィスキーが続く。からだを温める1杯は、夜18時から限定の「Japanese Tea Cocktail」シリーズの中のひとつで、ほかに「サテンサワー」（4種類各600円）や「抹茶ジントニック」（900円）など、6種類を揃える。

※ 価格は税別。

東京・渋谷

Piyanee

渋谷店

オーナーが現地で茶葉選びから
ブレンドまで手がけるタイ紅茶

ルビーのような濃い赤とスモーキーな香りのタイ紅茶に練乳を合わせたオリジナルタイティーをはじめ、ライチなど、アジアンフルーツを組み合わせたドリンクも好評。甘さの調節やタピオカのトッピングなど、5段階のカスタマイズで自分好みのドリンクを楽しむことができる。

>>> SHOP DATA 148ページ

タピオカタイティー

650円

タイの前国王ラーマ6世らのロイヤル・プロジェクトにより、北部山岳地帯のゴールデントライアングルと呼ばれたアヘン栽培からお茶やコーヒーなどの農作物の栽培に転換した小村の茶葉を使用。2回焙煎することで、濃い赤色のお茶になり、スモーキーな香りが生まれる。コクのある濃縮牛乳で割り、練乳でまろやかな甘みを加える。店内で仕込むタピオカは黒糖蜜に漬け込み、モチモチした食感。

仙草ゼリータイティー

650円

仙草は生薬としても知られており、からだの熱を冷ます作用をはじめ、美容やダイエット効果も期待できる。同店では自家製でゼリーに仕立て、100gをトッピングする。練乳が生み出す濃厚な甘みのタイティーに、ツルリとした柔らかな食感とほのかな苦みが印象に残る。

烏龍ライチ

600円

烏龍茶のすっきりとした味わいにほんのり甘いライチの組み合わせは、タイ料理とも好相性。同店ではローズの芳ばしい香りとライチを合わせた「ローズライチソーダ」（Lサイズ700円）も提供する。

レモンピュア
タイティー

580円

タイティーの鮮やかなルビー色と独特なスモーキーな香りを感じてもらえるよう、ストレートに仕立て、スライスレモンをプラスした清涼感のある1杯。同店のタイティーは、オーナーの伊藤ピヤニさんが現地で厳選したタイ紅茶を数種類ブレンドしたオリジナルティーだ。

タピオカ抹茶

700円

宇治抹茶、ミルク、黒糖蜜に漬け込んだタピオカの組み合わせ。同店では宇治抹茶がほのかに香る和テイストのドリンクも提供し、客層の幅を広げている。

マンゴーティー

700円

香り豊かなジャスミンティーにマンゴーソースを加え、冷凍マンゴーをたっぷり100g加えたフルーティーな1杯。マンゴーが凍っているうちはジャスミンティーを楽しみ、マンゴーが溶け出してきたら果肉をストローでつぶしながらお茶と一緒に飲むのがおすすめ。マンゴーはまろやかな甘みとほどよい酸味が評判のタイ産にこだわる。

※ 価格は税別。マンゴーティー以外はすべてLサイズ。

静岡・静岡市

Organic Matcha Stand CHA10

静岡県産の有機抹茶で、美と健康を意識した楽しみ方を提案

有機抹茶は高地栽培された川根産と玉露の被覆栽培技術を応用して仕上げた岡部産を使用。組み合わせる食材も県産の牛乳や甜菜糖など、からだにやさしい品を厳選する。窒素を注入した「NITRO抹茶」など、話題性に富んだ1杯も提供し、若い世代の心を掴む。

>>> SHOP DATA 149ページ

NITRO抹茶

500円

若い世代に話題になるよう考案された窒素入りドリンクで、同店の看板メニュー。抹茶液を入れたナイトロコーヒーメーカーに窒素を注入したのち、シャンパングラスに注ぐ。なめらかな口あたりと時間経過による泡の変化も楽しんでもらう。濃厚な有機川根抹茶を生かすため、抹茶と自家製甜菜糖シロップとのバランスを考慮して甘みの分量を追求し、インパクトのある味わいを実現。初訪問客の多くがオーダーする。

抹茶ラテ（ICED）

400円

香り高く、美しい翡翠色の有機抹茶（川根）と静岡県産「ふじの国から静岡牛乳」を合わせ、自家製甜菜糖シロップで甘みを加えた。苦みのある抹茶を甘みのある牛乳で割ることで、抹茶のおいしさを若い世代に伝えようと考案された。すっきりとした飲み心地から夏季にオーダーが増える。結露しない二重構造のBodum®製「ダブルウォールグラス」でスタイリッシュに。

抹茶ラテ（HOT）

400円

有機川根抹茶と静岡牛乳の組み合わせ。牛乳はマシンで蒸気をあててフォーミングし、クリーミーな泡に仕立てる。同店では健康や美を意識する女性に向けて「抹茶 SOYラテ」（400円）も提供しており、ビーガン（完全菜食主義者）や外国人客にも対応する。

お抹茶（HOT）

500円

有機抹茶（岡部）の産地である岡部地区は日本３大玉露の産地のひとつとして有名。玉露の被覆栽培を応用しており、旨みと香りに加え、上品な甘みとコク、そして美しい緑色が特徴。抹茶2gに60℃〜70℃の湯を注いで茶せんで点てエスプレッソグラスで提供。岡部抹茶の深い味わいを楽しむことができ、正月にオーダーが多い。

和紅茶

400円

鹿児島県屋久島産の有機紅茶は、美しいルビー色で渋みがなく、すっきりとした後味でリピーターも多い。ほかに、「柚子蜜柑和紅茶」と「ウィスキー和紅茶」（いずれも500円。アイスもホットも可）を提供する。和紅茶のおいしさを体感してもらいため、ストレートでの飲み方をすすめている。

抹茶レモネード

500円

有機抹茶（川根）、レモン100%の果汁、自家製甜菜糖シロップを合わせ、炭酸で割った爽やかなドリンク。夏季限定だったが、好評につき定番化した。レモンの酸味と抹茶の苦み、甜菜糖の甘みのバランスが絶妙。Bodum®製「ダブルウォールグラス」で提供。

SHOP DATA

COMEBUYTEA《カムバイティー》

東京都渋谷区神宮前4-9-3 清原ビル1階
03 (6804) 5699
10時～22時 不定休
50坪・50席
https://comebuytea.jp

>>> メニューは120ページから

1.同店ではティーマイスターが世界中の高品質な茶葉を厳選し、カスタマイズでき、組み合わせ数は約300種類。独自開発し、国際特許発明認証を取得した「TEAグラインダー」（写真奥）と「TEAPRESSOマシン」（手前）により、最高品質の味と香りを抽出する。取材時は10種類の茶葉をラインナップ。スタッフが注文ごとに「TEAグラインダー」で茶種にあったサイズに茶葉を10秒で粉砕したのち、「TEAPRESSOマシン」にセットし、高圧・高温60秒で新鮮なお茶を抽出する。
2.店長の米澤秀輝さん。ティーバーテンダーとして世界標準のトレーニングを受けた。

台湾から世界に発信する ワンランク上のティーブランド

「ＣＯＭＥＢＵＹＴＥＡ（カムバイティー）」は、２００２年に台湾・台北で誕生した「ＣＯＭＥＢＵＹ（カムバイ）」のワンランク上の上質なティーブランドとして２０１６年に誕生し、世界６つの国と地域で17店舗を展開する。日本では、２０１９年9月に1号店が東京・表参道にオープン。本格的なお茶を通して人々のコミュニケーションの場を創出していきたいと考える店舗の狙い通り、30代～40代の女性客をはじめ、地元住民や近隣ワーカーが訪れる。

「お客様の気分や好み、体調に合わせて自由にブレンドでき、自分だけのオリジナルティーを楽しんでいただけます。本格的なおいしいお気に入りのお茶とともに、ゆったりと過ごす時間を楽しめる、居心地の良いコミュニティの拠点となるような店づくり目指します」と店長の米澤秀輝さんは話す。

SHOP DATA

茶工廠

CHA-KOUJYOU

東京都目黒区自由が丘2-12-21
最上ビル1F
11時～21時　不定休
14坪
https://cha-koujyou.com

>>> メニューは124ページから

3

1

2

1.自由が丘駅周辺はスイーツ激戦区。明るく開放的なスタンドはスイーツマニアの女性客をはじめ、親子連れやカップルなどで賑わう。
2.左より店長の大沼朝陽さん、アルバイトの田口朋実さんと稗田彩果さん。
3.日本では珍しいタッチパネルでの注文スタイル。画面ではおすすめメニューのほか、人気トップ5も表示する。

ドリップマシンとタッチパネルで新たな台湾茶の世界を体験

東急電鉄自由が丘駅近くに２０１９年3月にオープンした台湾茶を楽しめるドリンクスタンド。客層は20代後半から30代後半の女性が中心で、手慣れた様子でタッチパネルを操作して注文していく。厳選された茶葉は台湾で１００年以上の歴史を誇るメーカーから直輸入し、高級茶葉の原産地・南投縣地方のものを使用。さらに、抽出にもこだわり、熱伝導に優れたヒートパイプを利用したドリップマシンを考案した。取材時は6銘柄の茶葉各１００ｇを５ℓで抽出し、上部に氷を入れ、急速冷却することで茶葉本来の味わいを最大限に引き出す。

豊富なラインナップだけに組み合わせは膨大で、これまでに試作したドリンクは５００品～１０００品にも及ぶ。２０２０年5月中旬からはタピオカブームの次なる一手にナタデココ入りフルーツティードリンクを投入し、さらなるお茶の魅力を伝えていく。

珍煮丹
TRUEDAN
MAGNET by SHIBUYA109店

東京都渋谷区神南1-23-10 MAGNET by SHIBUYA109 7階
03 (6455) 2233
Open 11時～23時 (L.O.22時)
1/1を除き無休 (MAGNET by SHIBUYA109の休館に準ずる)
10坪
https://jenjudan.jp
>>> メニューは128ページから

MAGNET by SHIBUYA109

2

1

MAGNET by SHIBUYA109 MAG7

1.オーダー後は、渋谷「MAGNET by SHIBUYA109」7階「MAG7」のイートインスペースで楽しむことができる。
2.左よりスタッフの陳玫伶さんと佐野晃宗さん。

台湾で実力と人気を兼ね備えた有名店

２０１０年、台湾・士林（シーリン）の観光夜市でスタートした「珍煮丹（トゥルーダン）」。自社工場で製造する黒糖とタピオカ、鮮度や香りにこだわる厳選の茶葉が支持され、２０１７年には台湾のモバイルサイトが主催したブラインドテイスティングで最もおいしいタピオカミルクティー」に選ばれた実力店だ。２０１９年6月、渋谷に日本初上陸を果たし、10代から20代の女性をはじめ、国内外の旅行客の訪問で賑わう。黒糖ドリンクの専門店だけに、茶葉は黒糖に合う「鉄観音烏龍茶（水出し）」、「阿里山金萱茶（水出し）」、「日月潭アッサム紅茶」、「ジャスミン茶」を中心に店内で抽出している。

「日本では2号店となる浅草雷門店もオープンしました。今後は上質な抹茶やアッサムなどを使って、お茶に力を入れ、イベントなどにからめて月替りのメニューも展開していきます」と同店を手がける宏勝商事（株）本部長・許維志さんは意気込む。

SHOP DATA

Satén Japanese tea

東京都杉並区松庵3-25-9
03 (6754) 8866
月~木土日10時〜21時 金〜23時
無休
13坪・20席
https://saten.jp

>>> メニューは132ページから

1.茶リスタの小山和裕さん(写真右)とバリスタの藤岡 響さん(左)が経営する。小山さんは吉祥寺のカフェ「UNI STAND」の元店主で、日本茶専門店での勤務経験もある。藤岡さんは日本の「BLUE BOTTLE COFFEE」でバリスタトレーナーを務めた。
2.コーヒースタンドとの融合を目指した店内。手元が見えるフラットなカウンター席には平型急須やお茶道具を並べ、奥には喫茶店と北欧調のカフェをイメージしたテーブル席を配した。
3.フードやスイーツも充実。「あんバタートースト」(写真奥500円)の食パンは世田谷区経堂のベーカリー「onkä」に特注。「抹茶プリン」(手前530円)は抹茶、生クリーム、ミルクプリンの3層の味の違いを楽しむ。

日本茶を身近に感じられる地域に根付いたお茶専門店

ＪＲ西荻窪南口近くに２０１９年４月にオープンした「Ｓａｔéｎ Ｊａｐａｎｅｓｅ ｔｅａ」は、(株)抽出社の茶リスタ(お茶のバリスタ)小山和裕さんと同社のバリスタ藤岡　響さんが経営する日本茶専門店。二人が考案するメニューは、日本茶を使ったドリンクをはじめ、コーヒーやカクテル、さらにトーストなどのフードやスイーツまで幅広いラインナップが好評。日中は20代〜30代前半の女性や女子高校生、夜は地元客が訪れる。テイクアウト客も多く、毎日開店早々から客足が途切れない。

「抹茶は京都宇治白川の銘柄を、煎茶は10か所の農家から10種類の銘柄を揃え、茶葉から1杯のお茶まで責任を持って淹れてお客様に一服の時間をお届けしています。緑茶や抹茶、そしていろいろなアレンジドリンクで日本茶を身近に楽しんでいただきたいですね」と小山さんは話す。

Piyanee 渋谷店

東京都渋谷区宇田川町33-8 エミリアビル1階
03 (6455) 0234
10時〜23時　不定休
12坪・8席
https://www.piyanee.com
>>> メニューは136ページから

1.オーナーの伊藤ピヤニさんはタイ出身で来日15年。伝統的なタイティーの抽出方法を伝えたいと、週末のみ渋谷店で披露する。濃いルビー色になるまで布地の濾し器で何度も抽出を繰り返す。
2.スタッフの浅見恵美加さん（左）と松枝絢香さん。

オリジナルブレンドで展開する日本初のタイティー専門店

「タイ紅茶はオレンジ色だと思っていませんか？　ピヤニでは現地で厳選した数種類の茶葉を季節に合わせてブレンドしています。無添加・無着色の茶葉の様子を見ながら抽出を繰り返すことで、独特な香りが生まれ、濃いルビー色になるんですよ」と話しながら、伝統的なスタイルでタイ紅茶を淹れてくれたのは「Ｐｉｙａｎｅｅ」オーナーの伊藤ピヤニさんだ。

タイの上質なお茶を日本に紹介したいと、２０１８年5月に渋谷の東急百貨店本店前に日本初となるタイティー専門店をオープンさせた。セイロンブラックティーなどブレンドしたオリジナルのタイティーに黒糖蜜で漬け込んだタピオカをトッピングした「タピオカタイティー」をはじめとする約15種類のドリンクは男女問わず20代〜60代の幅広い客層から支持されている。２０１９年には東京・恵比寿に2号店をオープン。今後はタイをはじめ、アジア各地のおいしいお茶も紹介していきたいと夢は広がる。

SHOP DATA

Organic Matcha Stand CHA10

静岡県静岡市葵区鷹匠1-11-6
054 (204) 2210
Open 9時～17時 火曜日定休
19坪・12席
https://cha10.jp

>>> メニューは140ページから

1.オーナーの中野目則子さんは大手コーヒーショップとマクロビレストランで研鑽を積んだ。
2.和紅茶などを販売。
3.木目調のカウンター席。
4.スイーツはすべてビーガンで卵、乳製品などは一切、使用していない。写真左上から時計回りに「抹茶ジャーケーキ」（500円）、「抹茶アフォガード」（500円）、「豆乳ベイクドチーズケーキ」（600円）。価格は税別。

ビーガンスイーツも話題の抹茶スタンド

「からだにやさしいお茶とスイーツで、来店する度、アンチエイジングされてしまうカフェ」をコンセプトに、抹茶のさまざまな飲み方を提案する。

静岡県内の茶舗である（株）カクニ茶藤が２０１７年11月に開業したが、２０１９年６月から飲食業界での豊富な経験を生かして中野目則子さんがオーナーに。アンチエイジングに欠かせないスーパーフードのひとつとも言える「抹茶」はオーガニック（有機栽培）の２銘柄を使用し、鹿児島・屋久島産の和紅茶も提供する。

「午前中ならカフェインの入った抹茶、スイーツと楽しむなら和紅茶など、お客様のシチュエーションや体調を伺っておすすめしています」と中野目さん。ヘルシーで見た目も美しい抹茶ドリンクはヨーロッパや韓国など、外国人客にも好評で、常時５～６種類を揃えるビーガンスイーツも健康志向の女性をはじめ、スイーツ男子にもファンが多い。

COLUMN

これからは ソフトドリンクペアリングの時代 その主役が、ティードリンク

ペアリングというと、ワインと料理の組みあわせを連想されやすいですが、料理とドリンクを組みあわせる文化は、昔から日本でも行われてきました。例えば、「あがり」という隠語で知られる、寿司屋の食後に提供される熱々の煎茶。現代では食中に飲まれる方も多くいます。煎茶は50～60℃位のお湯で蒸らして抽出すると苦味が抽出されにくく甘みがでるため、とても飲みやすくなりますが、寿司屋では熱々の煎茶を提供します。それには理由があります。

①寿司（酢飯）は甘いので、苦味を取ることで甘さが相殺されさっぱりする。
②熱々のお茶の温度で魚の油分を溶かす。
③カテキンには抗菌作用がある。
④カフェインにはリラックス効果があり、緊張した食事を緩和する。

煎茶は45℃位から緑茶特有のアミノ酸「テアニン」が抽出されます。アミノ酸は旨味成分なので低い温度で抽出しても美味しく淹れることができます。60℃からは苦味、渋み成分のポリフェノール「カテキン」が抽出され始めます。抗酸化作用、抗菌作用、抗アレルギー作用、抗ガン作用、血圧上昇抑制作用、脂質代謝改善作用などの生理作用が知られていて、生活習慣病の予防効果に期待が寄せられている成分です。酸化によって重合することでタンニンに変化します。

苦いお茶には多くのカテキンが抽出されています。68℃位からは苦味成分のカフェインが抽出されます。眠気覚ましなどの興奮作用や尿の排出を促す利尿作用などが広く知られていますが、このほかにも自律神経の働きを高める、集中力を高め作業能力を向上させる、運動能力を向上させる、体脂肪の燃焼が促進するなど、様々な効果が明らかになっています。

レストランでも食後にコーヒーや紅茶を提供するのは、カフェインによる効果で緊張した食事を緩和する効果があります。食後に飲むドリンクが美味しくないと、その印象がそのまま残ってしまい、残念な気持ちになります。食事がおいしいのは当たり前の世の中で、料理の内容に対してのドリンクや食後のドリンクまで考えることが重要です。

日本は世界有数のスイーツ大国です。様々なジャンルのスイーツがあり楽しまれています。古くから抹茶に和菓子を合わせる文化があります。抹茶はとても苦く、和菓子はとても甘いのですが、両方を味わうことにより苦味と甘さはマイルドになり美味しく感じます。単体で食すと食べにくいものも、合わせることにより食べやすくなる。これがペアリングの基本です。また、香りに合わせてお茶を選ぶと美味しさの幅が広がります。

昨今アルコールドリンクを飲めない方、飲まない方が多くなってきています。レストラン、居酒屋ではお酒は充実していますが、ソフトドリンクは既製品を使うことが多く、味に差がありません。また、ソフトドリンクには甘いものが多いのも現在の特徴ですが、海外のＴＯＰレストランではアルコールとのペアリングコース料理に加え、ソフトドリンクとのペアリングコースを提供するお店が増えてきました。

まだまだお酒と食事を楽しむ方も多いですが、時代はお酒なしで食事を楽しむ、会話を楽しむ方向に移行しているように感じます。そのため、アルコールドリンクが飲めない方も楽しめる環境は必須になりつつあります。

レストランでは前菜に合わせて飲むソフトドリンク、魚料理や肉料理に合わせて飲むノンアルコールワインを用意すれば、来店された全てのお客様が満足できる環境ができます。居酒屋ではハイボール、レモンサワーが流行っています。それらは食事に合わせるためさっぱりしていますが、ソフトドリンクは未だ甘い傾向があります。例えば、甘さを控えた抹茶レモネードのようなティードリンクは、さっぱりしていて焼き鳥ととても相性が良いです。

日本の食事は甘く仕上げる傾向があるので、ドリンクは苦味の強いものや甘さのないものが好まれます。お茶とともにソフトドリンクの代表格であるコーヒーは、香りがとても強いために食中ドリンクとしては相性が限られますが、ティードリンクは様々な食材と相性が良く、可能性は広がります。

あとがきにかえて

この本のために、準備を進めていた2020年初頭、まだ日常がありました。しかし、編集作業も大詰めに近づいている現在、新型コロナウイルスの影響で、緊急事態宣言が出され、街の景色は一変しています。取材にご協力頂いたお店も、営業時間の短縮や一時休業など対応に苦慮されています。お茶はグローバルでありながら、多様性を持つ素晴らしい飲み物。私たちが暮らすこの世界も同様です。世界が1日も早く日常を取り戻すことができるよう祈るばかりです。

2020年4月30日

食材協力　カクニ茶藤　TEEJ（ティージュ）　中沢乳業　日仏商事　日仏貿易　マルイ物産　山眞産業㈱花びら舎

機器協力　アントレックス　立花商店　東方アセチレン　HUROM

撮影　田中 慶　曽我浩一郎（旭屋出版）
デザイン　島田蘆之莉（モグ・ワークス）
スタイリング　村松真記
取材協力　山本あゆみ
編集　前田和彦

ティードリンクマニュアル

発行日　2020年6月11日　初版発行

著者　片倉康博（かたくら・やすひろ）　田中美奈子（たなか・みなこ）
発行者　早嶋 茂
制作者　永瀬正人
発行所　株式会社 旭屋出版
〒160-0005　東京都新宿区愛住町23番地2　ベルックス新宿ビルII 6階
TEL　03-5369-6423（販売部）
TEL　03-5369-6422（広告部）
TEL　03-5369-6424（編集部）
FAX　03-5369-6431
https://asahiya-jp.com
郵便振替 00150-1-19572
印刷・製本 株式会社シナノパブリッシングプレス

ISBN978-4-7511-1415-5 C2077